Inhalt

- 6 Auf Städtetrip im Norden der Niederlande
- 7 Zu richtigen Zeit am richtigen Ort
- 10 Der Norden der Niederlande im Überblick

11 Groningen

12 Groningen verstehen
17 Stadt der Superlative

18 Groningen entdecken
18 Stadtspaziergang

21 Erlebenswertes im Zentrum
- 21 ❶ Groninger Museum ★★★ [I C5]
- 23 ❷ Synagoge ★★ [I C4]
- 24 ❸ A-Kerk und Akerkhof ★ [I B4]
- 24 ❹ Noordelijk Scheepvaartmuseum (Schifffahrtsmuseum des Nordens) ★★ [I B4]
- 26 ❺ Hoge der A und Lage der A ★★★ [I B3]
- 27 ❻ Universitätsmuseum (Universitätsmuseum) ★★ [I B3]
- 28 ❼ Academiegebouw (Akademiegebäude) ★ [I B3]
- *29 Aletta Jacobs (1854–1929): die erste Studentin der Niederlande*
- 29 ❽ Grote Markt mit Stadhuis (Rathaus) ★★★ [I C3]
- 31 ❾ Martinikerk und Martinitoren ★★★ [I C3]
- 34 ❿ Prinsenhof und Prinsentuin ★★★ [I D2]
- 36 ⓫ St. Anthony Gasthuis ★★ [I D4]
- 36 ⓬ St. Geertruidsgasthuis/Pepergasthuis ★★ [I D3]
- 37 ⓭ Heilige Geestgasthuis/Pelstergasthuis ★ [I C4]
- 37 ⓮ Park Noorderplantsoen ★★ [I A1]

38 Entdeckungen außerhalb des Zentrums
- 38 ⓯ Menkemaborg ★★
- 39 ⓰ Festung Bourtange ★★★

◁ *Der Martinitoren* ❾ *wird von den Groningern liebevoll „alter Grauer" genannt (077gr-fo©DutchScenery, stock.adobe.com)*

40 Praktische Reisetipps Groningen
- 40 An- und Weiterreise
- 41 Autofahren
- 42 Barrierefreies Reisen
- 42 Einkaufen
- 44 *Groninger Dialekt*
- 49 Essen und Trinken
- 54 Informationsstellen
- 55 Internet
- 55 Kunst und Museen
- 55 *Meine Literaturtipps*
- 58 Mit Kindern unterwegs
- 59 Nachtleben
- 61 Radfahren
- 61 Reisen mit Tieren
- 62 Stadttouren
- 63 Theater und Konzerte
- 64 Unterkunft
- 66 Verkehrsmittel
- 67 Weitere Adressen
- 68 *Groningen preiswert*

69 Leeuwarden

70 Leeuwarden verstehen
- 71 *Das gibt es nur in Friesland: die Elfstädtetour (Elfstedentocht)*

75 Leeuwarden entdecken
75 Stadtspaziergang
- 76 *Anthony Gasthuis: Altersruhesitz der Luxusklasse*
- 78 *Grüne und genussvolle Oasen der Ruhe*

79 Erlebenswertes im Zentrum
- 79 ⓱ Turm De Oldehove ★★★ [II A2]
- 81 ⓲ Historisch Centrum ★ [II B2]
- 81 *Die erste Europäerin in Japan*
- 82 ⓳ Prinsentuin (Prinzengarten) und Pier-Pander-Tempel ★★ [II B1]
- 83 ⓴ Keramiekmuseum Princessehof ★★★ [II B2]
- 84 ㉑ Natuurmuseum Fryslân ★★ [II C2]
- 86 ㉒ Rund um die Grote Kerk (Jacobijnerkerk) ★★★ [II C2]
- 88 ㉓ Museum De Grutterswinkel ★★ [II B2]
- 89 *Leeuwardens historische Grachten*
- 90 ㉔ Sint-Bonifatiuskerk (St. Bonifatiuskirche) ★ [II D1]
- 90 ㉕ De Waag (Waaghaus) ★★ [II C3]
- 91 ㉖ Fries Museum ★★★ [II B3]
- 92 *Spionin aus Friesland: Mata Hari*
- 93 ㉗ Museumhaven Leeuwarden ★★ [II B3]
- 94 ㉘ Blokhuispoort ★ [II C3]

Ulrike Grafberger

CITY|TRIP
GRONINGEN LEEUWARDEN

Nicht verpassen!

Groningen

① Groninger Museum [I C5]
Das Groninger Museum ist ein buntes, verschacheltes Gebäude, das an sich schon ein Kunstwerk ist. Drinnen geht es genauso spannend weiter – mit moderner Kunst, Stadtgeschichte, Keramik und aufsehenerregenden Sonderausstellungen (s. S. 21).

⑨ Martinitoren [I C3]
Fast 100 Meter ist er hoch, der „alte Graue", zu dessen Füßen das Herz der Stadt schlägt. Ein Aufstieg ist lohnenswert, denn die Anstrengung wird mit einer fantastischen Aussicht belohnt (s. S. 31).

⑩ Prinsenhof [I D2]
Zwischen Apfelbäumen, Buchsbaumhecken, Laubengängen und Rosenrabatten einen Kaffee oder Tee auf der Wiese trinken – diese grüne Oase hinter dem Prinsenhof ist (fast) noch ein Geheimtipp (s. S. 34).

⑪ – ⑬ Gasthäuser [I D3–C4]
In Groningen heißen sie „Gasthäuser", in anderen niederländischen Städten „Hofjes". Gemeint sind die um einen idyllischen Hofgarten angelegten Häuser, die in früheren Zeiten armen, kranken und alten Mitmenschen Obdach boten (s. S. 36–37).

Leeuwarden

⑰ De Oldehove [II A2]
Leeuwardener lieben ihn, Fremde belächeln ihn: Der Oldehove ist der schiefe Turm Leeuwardens und ein Zeugnis dafür, dass große Bauprojekte auch schon früher großartig scheitern konnten (s. S. 79).

⑳ Keramiekmuseum Princessehof [II B2]
Im Palast der Prinzessin speiste man schon immer von edlen Tellern. Diese bildeten die Basis für eine der bedeutendsten Porzellansammlungen des Landes – von chinesischen Vasen über friesische Fliesen bis zu zeitgenössischer Keramikkunst (s. S. 83).

㉖ Fries Museum [II B3]
Dieses Museum schafft es aufgrund seiner spektakulären Ausstellungen immer wieder in die niederländischen Medien: Neben friesischer Geschichte stehen auch die Berühmtheiten der Stadt wie Mata Hari und M. C. Escher im Fokus (s. S. 91).

Leichte Orientierung mit dem cleveren Nummernsystem
Die Sehenswürdigkeiten sind im Text und im Kartenmaterial mit derselben **magentafarbenen ovalen Nummer** ❶ markiert. Alle anderen Lokalitäten wie Geschäfte, Restaurants usw. tragen ein **Symbol und eine fortlaufende rote Nummer (🛍1)**. Die Liste aller Orte befindet sich auf Seite 141, die Zeichenerklärung auf Seite 144.

95	**Entdeckungen außerhalb des Zentrums**
95	㉙ Planetarium Franeker ★★★
96	㉚ Afsluitdijk (Abschlussdeich) ★★
97	㉛ Nationalpark De Alde Feanen ★★

98	**Praktische Reisetipps Leeuwarden**
98	An- und Weiterreise
99	Autofahren
100	Barrierefreies Reisen
101	Einkaufen
105	Essen und Trinken
107	*Mit dem Pferd die Treppe hoch*
110	Informationsstellen
111	Internet
111	Kunst und Museen
111	*Meine Literaturtipps*
113	Mit Kindern unterwegs
114	Nachtleben
115	Radfahren
115	Reisen mit Tieren
116	Stadttouren
117	*Leeuwarden preiswert*
118	Theater und Konzerte
118	Unterkunft
121	Verkehrsmittel
121	Weitere Adressen

123	**Praktische Reisetipps**
124	Autofahren in den Niederlanden
124	Essen und Trinken
125	Geldfragen
125	Informationen vor der Reise
126	*Infos für LGBT+*
126	Medizinische Versorgung
126	Notfälle
127	Öffnungszeiten
127	Sprache
128	Telefonieren
128	Wetter und Reisezeit

Zeichenerklärung

★★★ nicht verpassen
★★ besonders sehenswert
★ wichtig für speziell interessierte Besucher

[A1] Planquadrat im Kartenmaterial. Orte ohne diese Angabe liegen außerhalb unserer Karten. Ihre Lage kann aber wie die von allen Ortsmarken mithilfe der begleitenden Web-App angezeigt werden (s. S. 144).

Updates zum Buch

www.reise-know-how.de/citytrip/groningen18

Vorwahlen

› **Niederlande:** +31
› **Groningen:** 050
› **Leeuwarden:** 058
› **Handy-Vorwahl in den Niederlanden:** 06

129	**Anhang**
130	Kleine Sprachhilfe Niederländisch
136	Register
140	Die Autorin
140	Schreiben Sie uns
140	Impressum
141	Liste der Karteneinträge
144	*Groningen und Leeuwarden mit PC, Smartphone & Co.*
144	Zeichenerklärung

Auf Städtetrip im Norden der Niederlande

Zwei wunderschöne Städte liegen im Norden der Niederlande: Groningen und Leeuwarden. Beide sind **Provinzhauptstädte** (von Groningen bzw. Friesland) und können auf eine reiche Geschichte zurückblicken. Zudem sind beide moderne Studentenstädte. Groningen noch ein bisschen mehr als Leeuwarden, weshalb dort auch der größere Trubel herrscht. Leeuwarden ist die ruhigere der zwei Schwestern und darf sich mit dem Titel „Kulturhauptstadt Europas 2018" schmücken.

Zwar könnte man meinen, dass der Norden der Niederlande „etwas ab vom Schuss" jenseits der großen Städte wie Amsterdam, Utrecht, Den Haag und Rotterdam liegen würde, doch der vermeintliche Nachteil bringt einen großen Vorteil mit sich: Für ein langes Wochenende oder einen längeren Urlaub ist diese Kombination aus Stadt und Land, Trubel und Ruhe, **Innovation und Tradition** genau das Richtige. Im Norden der Niederlande ist das Wasser nie weit entfernt, sei es das Wattenmeer oder einer der zahlreichen Seen, von denen das IJsselmeer das größte Binnengewässer ist. Man sollte also bei einem Besuch im Norden auch immer einen Abstecher zum Segeln, Bootfahren, Wattwandern oder einfach „Aufs-Wasser-Schauen" mit einplanen.

Zu richtigen Zeit am richtigen Ort

Der Norden der Niederlande feiert gern. Vor allem im Jahr 2018 wird besonders in der Provinz Friesland eine Menge geboten. Doch nicht nur Leeuwarden steht dann im Zentrum des Interesses, auch die anderen elf friesischen Städte nehmen an den Feierlichkeiten teil und locken mit einer Reihe von Events.

Frühling

› **Nacht van Oranje:** Schon in der Nacht vor dem Königstag wird in den Niederlanden kräftig gefeiert. In Groningen treten am 26. April auf vielen Podien Bands auf, u. a. auf dem Vismarkt [I C3], dem Grote Markt ❽ und dem Waagplein [I C3].
› **Koningsdag (Königstag):** Am 27. April wird der Geburtstag des niederländischen Königs Willem-Alexander im ganzen Land gefeiert und jeder trägt die Farbe des Königshauses Oranje: Orange. Auf den Straßen werden sog. *vrijmarkten* (Flohmärkte) abgehalten, auf denen hauptsächlich Kinder ihre gebrauchten Spielsachen verkaufen. Fällt der Königstag auf einen Sonntag, wird am Tag davor gefeiert.
› **Bevrijdingsfestival (Befreiungsfestival):** Am 5. Mai gedenkt man der Befreiung der Niederlande von den deutschen Besatzern – und das wird mit Livemusik und Aktivitäten rund um das Thema Frieden begangen. In Groningen findet an diesem Tag ein großes Befreiungsfestival im Stadtpark statt (www.bevrijdingsfestivals.nl).
› **Meikermis (Mai-Jahrmarkt):** Der „Mai-Jahrmarkt" lädt in der zweiten Monatshälfte die Groninger zum Riesenradfahren auf Grote Markt ❽ und Vismarkt [I C3] ein. Auf dem Ossemarkt [I B2] findet ein nostalgischer Jahrmarkt statt.
› **Elfstädtetour mit Rad oder Motorrad:** Am Pfingstmontag treten rund 15.000 Teilnehmer mit Fahr- oder Motorrad die Elfstedentocht an. Startpunkt ist Bolsward (www.fietselfstedentocht.frl).
› **Bloemetjesmarkt (Blumenmarkt) Leeuwarden:** Der Bloemetjesmarkt, mit 200 Ständen der längste Markt der Niederlande, findet an Christi Himmelfahrt im Zentrum von Leeuwarden statt. In Groningen wird am Karfreitag ein Blumenjahrmarkt veranstaltet (www.bloemenjaarmarkt.nl).
› **Tag der Architektur:** Mit Ausstellungen, Führungen und Vorträgen wird Ende Juni der Tag der Architektur begangen (www.dagvandearchitectuurgroningen.nl).

Sommer

› **ZomerWelVaart:** maritimes Festival, das Ende Juli in Groningen stattfindet und bei dem man historische Segelschiffe bestaunen kann. Musik und Essen gehö-

> **EXTRAINFO**
> **Leeuwarden: Kulturhauptstadt 2018**
> Im Jahr 2018 ist Leeuwarden – zusammen mit Valletta auf Malta – Kulturhauptstadt Europas. In diesem Jahr finden viele zusätzliche Events wie die Kunstprojekte unter dem Dach „Sense of Place" im Wattenmeer oder „Lân fan Taal" (Land der Sprache) im Zentrum von Leeuwarden statt. Eine Übersicht über das aktuelle Programm ist in deutscher Sprache auf www.2018.nl/de zu finden.

◁ *Die Schiffe der Friesen: Skûtsjes in Eernewoude (s. S. 97)*

ren natürlich auch dazu. Ort: Hoge der A und Lage der A ❺ (Eintritt frei).
› **Sneekweek (Sneekwoche):** Die Sneeker Woche ist *das* Segelereignis im Norden der Niederlande und zählt europaweit zu den wichtigsten Binnengewässerregatten. Während der Sneekweek gibt es auf dem Sneekermeer jeden Tag Wettkämpfe in vielen verschiedenen Kategorien (www.sneekweek.nl).
› **Skûtsjesilen (Segel-Event):** In den ersten zwei Augustwochen treten in mehreren friesischen Orten wie Lemmer und Grou historische *skûtsjes* (s. S. 97) in elf Wettkämpfen gegeneinander an (www.skutsjesilen.nl/deutsch).
› **Noorderzon Performing Arts Festival:** Eines der größten Sommerfestivals für darstellende Künste der Niederlande – mit rund 135.000 Besuchern pro Jahr – wird elf Tage lang im August auf dem Groninger Noorderplantsoen ausgetragen. Dann dreht sich alles um Theater, Musik, Literatur, Fotografie und Tanz (www.noorderzon.nl).
› **Paradigm Festival:** Techno- und House-Künstler sorgen an einem Wochenende im August für elektronische Qualitätsmusik (www.paradigmfestival.com).
› **Vesting Spectaculum (Festungs-Spektakel):** Willkommen im Jahr 1742! An einem Wochenende im August bevölkern Gaukler, Händler, Musikanten, Soldaten und Handwerker die Festung Bourtange ⓰.
› **Gronings Ontzet (Befreiung Gronings):** Zum Gedenken an die Befreiung Groningens am 28. August 1672 von der Belagerung durch den Bischof von Münster wird jährlich ein Riesenfest veranstaltet – mit Jahrmarkt, Musiktheater, Konzert und vielen anderen Events.

In der Festung Bourtange ⓰ finden immer wieder spannende Veranstaltungen statt

Herbst

- **Open Monumentendag (Tag des offenen Monuments):** Während der Denkmaltage Mitte September öffnen historische Bauwerke ihre Türen, die normalerweise nicht der Öffentlichkeit zugänglich sind, darunter der Wasserturm *(watertoren)* in Groningen (www.openmonumentendag.nl).
- **Museumsnacht:** Seit 2017 hat auch Groningen eine eigene Museumsnacht (im September), während derer die Museen bis nach Mitternacht geöffnet sind und Events stattfinden.
- **Noorderlicht Fotomanifestatie:** Die Galerie Noorderlicht veranstaltet jeden Herbst eine einmonatige Fotoausstellung – abwechselnd in Groningen oder Friesland – zu einem bestimmten Thema wie Religion oder Globalisierung (www.noorderlicht.com/en/photofestival).
- **Schnitgerfestival:** Klassische Konzerte, u. a. der Bachvereinigung, werden Ende Oktober/Anfang November in Kirchen und Konzertsälen Groningens gegeben (http://schnitgerfestival.nl).
- **Magisch Samhain in Bourtange:** Die Festungsstadt Bourtange ❻ ist Ende Oktober ganz in den Händen von Elfen, Hexen, Geistern und Dämonen (www.bourtange.nl).
- Die **Ankunft von Sinterklaas** (Mitte November), dem niederländischen Nikolaus, wird im ganzen Lande gefeiert. In Leeuwarden stehen an dem langersehnten Tag die Kleinen an den Ufern der Wester Stadsgracht, um den heiligen Mann mit seinen Helfern namens Zwarte Pieten zu begrüßen (www.sinterklaasleeuwarden.nl).

Winter

- **5. Dezember:** Bevor Sinterklaas am 6. Dezember wieder das Land verlässt, findet der *pakjesavond* (Päckchenabend) statt. Dann werden Geschenke verteilt, die mit einem lustigen Gedicht einhergehen. Zwar ist Sinterklaas das wichtigste Fest im Winter, dennoch setzt sich auch immer mehr das Weihnachtsfest durch.
- **WinterWelVaart:** Mitte Dezember (www.winterwelvaart.nl) verwandeln sich Hoge der A und Lage der A ❺ in einen Treffpunkt für historische Schiffe, die mit bunten Lichtern geschmückt sind. Es finden Musikaufführungen, Ausstellungen, Aktivitäten für Kinder und ein Weihnachtsmarkt statt.
- **24.–26. Dezember:** In den Niederlanden gibt es keinen Heiligen Abend wie in Deutschland, vielmehr werden der erste und zweite Weihnachtsfeiertag im Kreis der Familie gefeiert – mit Christbaum und Geschenken.
- **31. Dezember: Silvester.** Das alte Jahr wird in den Niederlanden mit *oliebollen* (frittierten Hefeteigbällchen), einem Essen im Familien- oder Freundeskreis sowie viel Knallerei verabschiedet.
- **Eurosonic Noorderslag Groningen:** 350 Bands aus 31 europäischen Ländern treten vier Tage lang im Januar auf (www.eurosonic-noorderslag.nl).

Gesetzliche Feiertage

- **1. Januar:** Neujahrstag
- **Karfreitag**
- **Ostern** (So. und Mo.)
- **27. April:** Königstag (Koningsdag)
- **5. Mai:** Bevrijdingsdag – Befreiung der Niederlande im Zweiten Weltkrieg
- **Hemelvaartsdag:** Christi Himmelfahrt
- **Pfingsten** (So. und Mo.)
- **5. Dezember:** Nachmittags: Sinterklaas-Fest (Nikolaus)
- **25. und 26. Dezember:** Weihnachten

Der Norden der Niederlande im Überblick

Im Gegensatz zu Groningen gelang es der Stadt Leeuwarden im Spätmittelalter nicht, eine Führungsrolle im Norden einzunehmen; die ländlichen Gebiete hatten zu viel Einfluss. Insofern fühlte sich Groningen – man darf es so ausdrücken – auch immer ein bisschen überlegen und schaute auf die kleine Schwester im Westen herab. Die Leeuwardener wurmte das natürlich und sie wollten es den **arroganten Nachbarn** mal so richtig zeigen: mit einem Turm, der viel größer als der imposante, fast 100 Meter hohe Martiniturm ❾ Groningens werden sollte. Was aus diesem Vorhaben im Jahr 1529 geworden ist, ist ab S. 79 nachzulesen.

Doch eines hatten die Leeuwardener den Groningern voraus: Ihr hübsches Städtchen hatte das Adelsgeschlecht von Oranien-Nassau im 16. Jahrhundert als **Residenzstadt** auserkoren. Zwar gab es auch in Groningen eine angemessene Unterkunft, den Prinsenhof ❿, doch dort zeigten sich die Herrschaften so gut wie nie. Außerdem hatte Friesland mit Franeker schon seit 1585 eine eigene Universität, während diejenige in Groningen erst 1614 gegründet wurde.

Scheinbar herrschten große Differenzen, doch eine geringe Distanz: Zwischen den beiden Provinzhauptstädten liegen gerade einmal 60 Kilometer, weshalb man beide bequem hintereinander besichtigen kann. Der *sneltrein* (Schnellzug) verbindet Leeuwarden mit Groningen und braucht für die Fahrt nur 35 Minuten. Mit dem Auto ist man – je nach Route – zwischen 45 und 60 Minuten unterwegs. Oder auch viel, viel länger, denn die schöne **Landschaft** der Provinzen Groningen und Friesland fordert zu so manchem Zwischenstopp auf – mit bezaubernden Ausblicken auf stattliche Kirchen, weitläufige Polderlandschaften, verwunschene Moorgebiete, intakte Windmühlen, Weiden voller schwarz-weißer Kühe und im Spätsommer auf blühende Heidegebiete.

☐ Blick vom Martinitoren ❾ auf Europas größte Kneipe (s. S. 60, links) und das Stadhuis ❽ (rechts)

GRONINGEN

Groningen verstehen

Groningen ist eine **junge Stadt**. Nicht in dem Sinne, dass die Stadtgründung erst ein paar Jahre zurückliegen würde – ganz im Gegenteil – es kann auf eine jahrhundertelange Geschichte zurückblicken (und auch die entsprechenden Sehenswürdigkeiten). Jung ist die Stadt aufgrund ihrer Einwohner, denn sie zählt 57.000 Studenten, welche hier die Rijksuniversiteit und die Hanzehogeschool besuchen. Was bedeutet das für eine Stadt? Das Durchschnittsalter liegt bei 36,4 Jahren, Hauptfortbewegungsmittel ist das **Fahrrad** und es gibt **unzählige Kneipen**, aber keine Sperrstunde. Fragt man einen dieser jungen Menschen nach Ausgehtipps, dann bekommt man zur Antwort: „Meinen Sie Studentenkneipen oder Bars, in die eher die Älteren gehen, so ab 25?" Alles klar. Bevor man sich nun alt fühlt, sollte man voller Schwung den **Martiniturm** ❾ erklimmen, im **Park Noorderplantsoen** ⓮ picknicken, sich auf der Terrasse der **Drie Gezusters** (s. S. 60) ein **Groninger Bier** und einen „Eierball" (s. S. 44) genehmigen und sich dann ins **Groninger Nachtleben** stürzen und testen, wann Kneipen wirklich schließen, wenn es keine Sperrstunde gibt (s. S. 15).

Oder man geht die Sache ganz entspannt an und genießt ein gutes Essen und einen hervorragenden Wein dazu (bei Mr. Mofongo, s. S. 51). Und morgen stehen drei Museumsbesuche auf dem Programm …

◁ *Der Turm der Groninger Universität* ❼ *überragt die Innenstadt*

Groningen hat also Jung und Alt, Arm und Reich, Nachtschwärmern und Tagestouristen, Shoppingfans sowie Kulturfreunden eine Menge zu bieten. Auch in **kulinarischer Hinsicht**, denn in Groningen gibt es fast täglich einen Markt, außerdem einen wirklich hübschen Supermarkt (s. S. 17) und unzählige Cafés, Bistros, Kneipen, Restaurants sowie *eetcafés,* viele davon mit studentenfreundlichen Preisen.

Das Antlitz der Stadt

Der **Festungscharakter** der Stadt ist noch deutlich zu erkennen; die Stadt ist von **Grachten** umgeben, die in Groningen *diepen* heißen. Innerhalb dieses Grachtenrings liegt die Altstadt, die recht kompakt ist und einen Durchmesser von weniger als einem Kilometer hat – ideal, um die Innenstadt zu Fuß zu erkunden. Verlaufen kann man sich nicht, denn die Stadt verfügt über einen liebenswerten Wegweiser, den „Olle Grieze", den alten Grauen, wie der fast 100 Meter hohe Martinitoren (Martiniturm) ❾ von den Einheimischen genannt wird. Weiterer optischer Ankerpunkt ist die westlich davon gelegene A-Kerk ❸. Zwischen beiden Türmen wird fast täglich der Markt ausgetragen.

Außerhalb, aber noch innerhalb des historischen Stadtkerns, beweist Groningen **architektonischen Mut**: Kommt man über die Autobahn A7 aus südwestlicher Richtung, dann fährt man am organisch geformten **Gasunie-Gebäude** vorbei, das die Groninger abschätzig „Affenfelsen" nennen. Nicht weit davon entfernt ragt ein weiteres Hochhaus in den Himmel, das kastenförmige **Apollo-Hotel** (s. S. 64). Interessant sind auch das 92 Meter hohe, wegen sei-

Die chaotische Seite des Hausbootlebens

nes Aussehens „Kreuzfahrtschiff" genannte **Kempkensberg-Gebäude** aus dem Jahr 2011, in dem u. a. das Finanzamt seinen Sitz hat, sowie der 75 Meter hohe **Tasman-Toren**, der wie ein auf den Kopf gedrehtes U am Wasser steht und zusammen mit dem waagrechten Anbau an eine kriechende Raupe erinnert. Turm und Nebengebäude beherbergen 221 Appartements. Nicht hoch, sondern außergewöhnlich aufgrund seiner Form, ist das **Wall House** (A.J. Lutulistraat 17), das auf Plänen des amerikanischen Architekten John Hejduk beruht und von zwei Betonmauern geprägt ist, die an die Häuserteile „befestigt" sind. „Last but not least" gibt es noch das auffällige Gebäude des Groninger Museums ❶, das wie bunt zusammengewürfelt am Bahnhof steht und sozusagen den Eingang zur Innenstadt bildet. Mitten im Zentrum, neben dem Martinitoren, wird derzeit an einem weiteren architektonischen Meisterwerk gebaut, dem Forum (s. S. 30).

KURZ & KNAPP

Die Stadt in Zahlen

- *Gegründet: 1040*
- *Einwohner: 202.500, davon 57.000 Studenten*
- *Bevölkerungsdichte: 2396 Einwohner/km²*
- *Fläche: 83,7 km², davon 10 km² Grünfläche*
- *Höhe ü. M.: 7 m*
- *Stadtbezirke: Zentrum, Oude wijken (Altstadt), Oost (Ost), Zuid (Süd) und West*
- *Touristen-Übernachtungen: über eine halbe Million pro Jahr*
- *Anzahl Restaurants, Kneipen und Hotels: 764*
- *Besucherzahlen: Martinitoren 66.280 (2016), Groninger Museum 200.000 (2017)*

Groningen verstehen

Zwei Räder oder zwei Beine – mehr braucht man nicht

In Groningen fährt man Fahrrad. Punkt. In der Innenstadt ist man sowieso nicht mit dem Auto unterwegs. Alternative ist der Bus, den man allerdings nur dann braucht, wenn man die Stadt verlassen möchte. Der Groninger Innenstadtkern ist so überschaubar, dass man ihn locker erlaufen kann. Auch der außerhalb des Grachtenrings liegende Park Noorderplantsoen ❶ ist gut zu Fuß erreichbar.

Geschichte

Die Sandrücken rund um die Stadt Groningen werden schon seit Tausenden von Jahren von Menschen bewohnt; Zeitzeugen sind die Hünengräber, von denen es heute noch zwei in der Provinz Groningen und über 50 in der Nachbarprovinz Drenthe gibt. Wie auch in Friesland siedelten die Menschen später auf Terpen (in Groningen Wierden genannt), die im Gegensatz zu den natürlichen Sandrücken künstlich aufgeschüttete Hügel waren, die die Bewohner vor den Naturgewalten des Wassers schützen sollten. Ungefähr seit **300 v. Chr.** ist das heutige Stadtgebiet besiedelt, denn es lag günstig auf einer kleinen Anhöhe sowie an einem Fluss namens Aa. Im frühen Mittelalter gehörte der Landstrich zu Magna Frisia („Großfriesisches Reich"), im 8. Jahrhundert zum fränkischen Reich von Karl dem Großen.

1040: Ein Großteil von Groningen geht in den Besitz des Bistums Utrecht über. Die Stadt wird erstmals urkundlich als „Villa Cruoninga" erwähnt.

1250: Groningen gehört dem friesischen Upstalsboom-Bund an, einem Zusammenschluss der „Sieben Seelande", die sich von Nordholland bis zur Elbe erstrecken.

13. Jh.: Die Gegend zählt über 30 Klöster, u. a. Kloster Aduard.

1422: Groningen tritt der Hanse bei.

1492: Höhepunkt der Macht Groningens. Die Stadt herrscht über die Provinz Groningen und einen Großteil Frieslands.

15. Jh: Die friesische Sprache wird aus Groningen verdrängt. Seitdem wird hier ein Dialekt des Niederdeutschen gesprochen.

1517: Nach Luthers Thesenanschlag steigt die Zahl der Anhänger der Reformation an.

1559: Errichtung des Bistums Groningen

1568–1648: Achtzigjähriger Krieg. Hohe Besteuerung und Ketzerverfolgungen führen zu einem Aufstand gegen König Philipp II. Anführer des Aufstands ist Wilhelm von Oranien, der 1568 in die Niederlande einfällt und den Krieg auslöste.

△ *Wegweisende Kunst vor dem Groninger Museum* ❶

Groningen verstehen

1594: Maurits (Moritz) von Oranien bringt Groningen in den Verbund der „Sieben Vereinten Niederlanden", die Stadt wird protestantisch.

1672: „Gronings Ontzet". Im sog. Katastrophenjahr wird Groningen vom Fürstbischof von Münster belagert. Der Bischof bekommt den Beinamen *Bommen Berend* („Bomben-Bernd"), da er die Stadt einen Monat lang dem Kanonenfeuer aussetzt. Groningen hält stand; am 28. August zieht der Bischof wieder ab.

1795–1813: Die Franzosen herrschen über Groningen.

1813: Napoleon wird besiegt.

1815: Groningen ist Teil des Königreiches der Niederlande.

1942: Deutsche Besatzung der Niederlande; fast alle Juden werden ins Konzentrationslager Westerbork deportiert.

1945: 14.–18. April: Befreiung Groningens von den Deutschen durch die Kanadier.

1959: Mittels einer Bohrung bei Slochteren östlich von Groningen wird das größte Gasfeld Nordwesteuropas entdeckt.

2019: Eröffnung des neuen Forums (s. S. 30) in der Innenstadt

2035: Groningen möchte zu diesem Zeitpunkt energieneutral sein.

Leben in Groningen

Studentenstadt ohne Sperrstunde

In einer internationalen Studentenstadt ist das Nachtleben logischerweise ausgelassen und intensiv. Irgendeine Party oder Veranstaltung gibt es immer und das bis in die frühen Morgenstunden, denn Groningen kennt keine Sperrstunde. Man spricht von Groningen auch von der Stadt, die niemals schläft. Was im Umkehrschluss bedeutet: Wenn die anderen nicht schlafen, kann man es u. U. auch selbst nicht. In der Umgebung einiger Hotels in der Innenstadt kann es – vor allem am Wochenende – auch etwas lauter zugehen. Man feiert also entweder mit oder sucht sich ein etwas ruhiger gelegenes Hotel am Stadtrand.

▽ *Gronings Ontzet: traditioneller Pferdemarkt am 28. August (s. S. 8)*

Junge, stolze Stadt

Die Groninger stört der studentische Trubel nicht weiter. Im Gegenteil. Sie sind stolz auf diese **junge, lebhafte und kreative Stadt**. 97 % der Einwohner gaben in einer Umfrage an, gerne in Groningen zu wohnen. Die meisten von ihnen sind selbst jung: 50 % der Bevölkerung sind keine 35 Jahre alt. Insgesamt studieren 57.000 junge Menschen in Groningen, 35.000 davon wohnen in der Stadt, 13 % von ihnen kommen aus dem Ausland (in fünf Jahren rechnet man mit 20 %).

Menschen mit starkem Charakter

Kann man bei einer so vielfältigen Bevölkerung noch von „dem" Groninger sprechen? Man kann es versuchen. Alteingesessene behaupten: Der Groninger ist **stolz und sparsam**. Als (übertriebenes) Beispiel der Sparsamkeit wird scherzhaft angeführt, dass der Groninger am Abend seine Armbanduhr anhalte und sie am nächsten Morgen wieder aufzöge, um zu vermeiden, dass sich das gute Stück abnutzen könne. Peter den Oudsten, der Bürgermeister von Groningen, sagt über seine Landsleute: „Die Groninger sind auf eine angenehme Weise **sehr direkt** und auch **ein bisschen schroff**. Ich finde das nicht schlimm. Sie nehmen eben kein Blatt vor den Mund."

Mit offenen Armen

Als Besucher lernt man den Groninger nicht als schroffen Mitmenschen kennen. Im Gegenteil: In kaum einer anderen niederländischen Stadt werden Gäste so **freundlich, zuvorkommend und hilfsbereit** empfangen wie in Groningen. Es kann durchaus vorkommen, dass eine deutsche Studentin oder ein Deutsch sprechender Museumsmitarbeiter freundlich ein Gespräch anfängt und einen mit allen wichtigen Informationen versorgt.

In der Poelestraat [I D3] das Leben und die Sonne genießen

Stadt der Superlative

> *Schönster Supermarkt der Niederlande:* Stilvoller kann man Milch und Bananen nicht einkaufen als in der Albert-Heijn-Filiale in der Korenbeurs [I B4]. In dem neoklassizistischen Gebäude wurde früher Getreide gehandelt.
> *Beste Studentenstadt des Landes:* Das niederländische Magazin Elsevier ernannte auf Basis einer Studentenbefragung Groningen zur besten Studentenstadt 2016. Kriterien waren u. a. Ausgehmöglichkeiten, kulturelle Hotspots und die Zahl der Studenten.
> *Kreativstes Pissoir der Niederlande:* Hier kann man wahrlich gegen Kunst „anpinkeln". Der schöne Milchglaspavillon ist ein Entwurf des niederländischen Star-Architekten Rem Koolhaas, die Fotos stammen vom nicht minder berühmten Fotograf Erwin Olaf. Sie zeigen den Streit der Geschlechter.
> *Ästhetischste Tiefgarage:* Am Ossenmarkt in Groningen befindet sich eine spiralförmig angelegte Tiefgarage (s. S. 41), die mit einer die Farben wechselnden Lichtinstallation beeindruckt.
> *Jüngste Stadt der Niederlande:* 57.000 Studenten an der Universität und an der Hochschule, Durchschnittsalter der Einwohner 36,4 Jahre – da kann keine andere Stadt der Niederlande mithalten.
> *Weltstadt der Radfahrer:* 60 % aller Strecken werden in Groningen mit dem Fahrrad zurückgelegt. So hoch ist der Prozentsatz in keiner anderen Stadt der Welt!
> *Beste Einkaufsstraße der Niederlande:* De Zwanestraat-Kromme Elleboog [I B3] bekam diesen Titel im Jahr 2016 auf Basis einer Umfrage unter 18.000 Menschen.
> *Der größte Gastronomiebetrieb Europas:* Mehrere Häuser, rund zehn Kneipen und ein Hotel bilden zusammen den größten Gastronomiebetrieb Europas, in dem 3000 Menschen Platz finden (s. S. 60).

Farbwechsel in der Tiefgarage am Ossenmarkt (s. S. 41)

Arm, aber gebildet

Die Groninger wohnen gerne in ihrer Stadt, da spielt es auch keine Rolle, dass sie eher zu den ärmeren Einwohnern der Niederlande zählen (kein Wunder, bei so vielen Studenten!). Sie verfügen über **23 % weniger verfügbares Einkommen als der Rest des Landes**, obwohl sie doch auf dem größten Gasfeld Nordeuropas sitzen. Dafür sind die Groninger innovativer: Rund **450 Start-up-Unternehmen** zählt die Stadt. Große Arbeitgeber in Groningen sind das Universitätskrankenhaus mit 10.000 Mitarbeitern, die Universität Groningen und die Fachhochschule. Rund 100.000 Menschen besuchen in Groningen täglich irgendeine Form von Unterricht.

Und die Zukunft?

Groningen gehört zu den **am schnellsten wachsenden Städten der Niederlande.** Für das Jahr 2025 erwartet man, dass die Einwohnerzahl auf 225.000 angestiegen sein wird. Auch die Zahl der Touristen nimmt stetig zu. Letztere werden bald mit dem „Forum" in der Innenstadt ein modernes Informations- und Beratungszentrum vorfinden (s. S. 30).

Damit der Verkehrsfluss von der Stadt ferngehalten wird, werden P+R-Plätze ausgebaut (am Westerhaven soll ein großer Busbahnhof hinzukommen), und die Ringwege um das Stadtzentrum werden erneuert. Es entstehen neue Wohnungen, u. a. am Eemskanal und im angesagten Ebbingekwartier [I C1], wo heute schon das Student Hotel (s. S. 65) und das Restaurant DOT stehen (s. S. 51). Was die Gasförderung betrifft: Man überlegt derzeit, ob man nicht einen Teil des daraus resultierenden Gewinns der Provinz Groningen zugutekommen lassen sollte.

Groningen entdecken

Groningen im Intensivdurchgang

Die wichtigsten Sehenswürdigkeiten der Stadt kann man am besten während eines Stadtrundgangs entdecken, der ein paar Stunden in Anspruch nimmt und mit dem Besuch von Museen und Restaurants durchaus tagesfüllend ist. Wer einen weiteren Tag in und um Groningen verbringen möchte, der sollte über einen Ausflug zur Menkemaborg ⑮, zur Festung Bourtange ⑯ oder zum unweit gelegenen Wattenmeer nachdenken. Lieber in der Stadt bleiben? Bei schönem Wetter sind erholsame Stunden im Park Noorderplantsoen ⑭ oder im Prinsentuin ⑩ sowie eine Grachtenrundfahrt (s. S. 62) eine Wohltat. Und da wären dann natürlich noch die vielen Geschäfte und Marktstände, die stundenlanges Shoppingvergnügen garantieren. Wer danach noch fit genug ist, der sollte sich unbedingt in das Groninger Nachtleben stürzen. Schlafen ist überflüssig in der Stadt, die niemals schläft.

Stadtspaziergang

Der Stadtspaziergang, der ungefähr einen halben Tag in Anspruch nimmt, beginnt beim Bahnhof (s. S. 41), der bereits ein eigenes Kunstwerk ist. Erbaut 1896 von Isaac Gosschalk, stellt er eine ansprechende Mixtur aus Bauelementen dar, die der Renaissance und Gotik entlehnt

> **Routenverlauf im Stadtplan**
> Der hier beschriebene Spaziergang ist mit einer farbigen Linie im Stadtplan eingezeichnet.

sind. Ein Blick in die Wartehalle lohnt sich, denn sie gehört zu den schönsten der Niederlande. Eine sechs Meter hohe, filigrane Eisenlaterne bildet ihr Zentrum. Interessant sind auch die Decken, die mit einer Art Pappmaschee ausstaffiert und kunstvoll verziert sind. Vor dem Bahnhof befindet sich eine schmale, aber auffällige Brücke, über die sich Fußgänger und Radfahrer drängen – sie bildet den direkten Zugang zur Altstadt Groningens. Die Brücke führt am **Groninger Museum** ❶ vorbei, das man unmöglich übersehen kann, denn es ist eine bunte, schräge Mischung aus drei zusammengewürfelten Gebäuden. Am besten plant man – sozusagen mit frischem Geist – einen Museumsbesuch am Anfang des Spaziergangs ein.

Weiter führt der Weg durch die Folkingestraat, an der **Synagoge** ❷ vorbei, die allerdings erst am Nachmittag zu besichtigen ist. Die **Folkingestraat** zählt zu den schönsten Einkaufsstraßen der Niederlande und die Gefahr besteht, dass man sich in den schönen Geschäften erst einmal verliert. Da hier früher das **Judenviertel** lag, weisen einige Kunstwerke auf das Schicksal der deportierten Juden hin, darunter der Schriftzug an der Mauer (Folkingestraat 9) mit dem Wort „weggehaald" („weggeholt").

Die Folkingestraat mündet in den **Vismarkt**, auf dem mehrmals wöchentlich der Markt stattfindet. Wie wär's mit einem *haring met uitjes* (Hering mit Zwiebeln)? Ebenfalls nützlich: Zwischen dem Vismarkt und dem **Grote Markt** ❽ gibt es öffentliche Toiletten, zu denen Treppen führen.

> *Ganz in Weiß: das Pferd von Onkel Lucas*

KURZ & KNAPP

Das Pferd von Onkel Lucas

Eines der Symbole von Groningen ist das „Peerd van Ome Loeks" (das Pferd von Onkel Lucas), dem vor dem Bahnhof eine Skulptur ganz in Weiß gewidmet ist (Künstler Jan de Baat, 1959). Jeder Groninger kennt das Pferd, aber die Geschichte dahinter ist nicht ganz geklärt. Am wahrscheinlichsten ist diese Variante: Das Pferd gehörte dem Pikör und Kneipenbesitzer Lukas „Loeks" van Hemmen (1876–1955). Als sein berühmtes Rennpferd Appelon dem Stallknecht einen Tritt im Jahr 1920 versetzte, kam Loeks mit einer Mistgabel und drängte das Pferd in eine Ecke, wobei es sich die Nase verletzte, krank wurde und wenige Tage später an einer Kolik starb. Als der Pferdemetzger den Kadaver abholte, sangen ein paar Jungs auf der Straße:

„Peerd van Ome Loeks is dood, Loeks is dood, Loeks is dood

Peerd van Ome Loeks is dood, hartstikke dood."

„Das Pferd von Onkel Loeks ist tot" wird heute noch als Studentenlied in Groningen auf die Melodie „Oh, du lieber Augustin" gesungen.

012gr-ug

Groningen entdecken

Auf dem Vismarkt stößt man, von der Folkingestraat kommend, auf die **Korenbeurs** im neoklassizistischen Stil. Erbaut 1865, wurde hier früher Getreide gehandelt. Dank der großen Fenster konnte die Qualität der Ware gut beurteilt werden. Heute hat sich in der Korenbeurs eine Albert-Heijn-Filiale niedergelassen, die zu den schönsten Supermärkten der Niederlande zählt (s. S. 17). Es lohnt sich, einen Blick hineinzuwerfen (oder sich etwas zu trinken zu holen), denn die Börse ist ein ansprechendes Bauwerk.

Hinter der Korenbeurs, linker Hand, steht die A-Kirche, der Platz davor heißt **A-Kerkhof** oder Akerkhof ❸. Die A-Kerk wird nicht mehr für Gottesdienste, sondern für Events genutzt, daher ist sie nicht zu besichtigen. Zusammen mit dem Martinitoren ❾ fungiert sie als eine Art Wegweiser in der Stadt. Über die Brugstraat gelangt man zum liebevoll gestalteten **Schifffahrtsmuseum** ❹, das Kinder und interessierte Erwachsene nicht verpassen sollten. Von dort sind es nur ein paar Schritte weiter zur **Hoge der A und Lage der A** ❺, ein etwas komplizierter Name für die Stadtgracht. Wer Lust hat, kann hier einen Kaffee mit Grachtenblick auf der Terrasse des Café De Sigaar trinken (s. S. 59).

Der Weg führt zurück zur Korenbeurs und dann links in die Stoeldraaierstraat, die nach wenigen Metern den Namen Oude Kijk in Het Jatstraat trägt. Hier steht das **Universitätsmuseum** ❻. Da es kostenlos besichtigt werden kann und auch recht überschaubar ist, lohnt sich ein schneller Blick hinein, denn es ist ein sehenswertes Sammelsurium aus verschiedenen Instrumenten und Anschauungsobjekten. Unweit des Universitätsmuseums stößt man auf das **Akademiegebäude** ❼, das nicht zu übersehen ist.

Das monumentale Gebäude verdeutlicht die Relevanz der Universität für die Stadt. Im Gebäudeinnern kann man sich den prachtvollen Treppenaufgang mit den Buntglasfenstern ansehen oder – im Rahmen einer Stadtführung des VVV (s. S. 54) – einen Blick in das Fakultätszimmer und die Aula werfen. Am Akademiegebäude und am Eckgebäude des Restaurants

◸ Groningen verfügt über viele Cafés, die besonders nach Feierabend beliebt sind

Mr. Mofongo (Tipp: einen Tisch fürs Abendessen reservieren, s. S. 51) vorbei geht es rechts in Richtung **Martinitoren** (Martini-Turm), dessen Spitze die Stadt überragt. Es lohnt sich, die 251 Stufen nach oben zu steigen und sich einen Überblick zu verschaffen. Auch die **Martinikerk** ❾ mit ihrem himmelblauen Gewölbe und den Fresken ist einen Besuch wert. Hinter der Martinikerk liegt der Martinikerkhof, eine schöne Grünfläche, die von historischen Gebäuden wie dem Provinzhaus im Stil der Neorenaissance gesäumt wird. Am Martinikerkhof befinden sich auch der Prinsenhof ❿ und dahinter der Prinsentuin.

Zurück am Grote Markt ❽ gibt es mehrere Anlaufpunkte: Drie Gezusters ist Europas größte Kneipe (s. S. 60). Daneben befinden sich die Touristeninformation und das Stadhuis ❽ mit dem dahinter liegenden Goudkantoor.

Zum Abschluss des Stadtspaziergangs kann man sich noch einen (oder auch mehrere) der idyllischen **Hofjes** ansehen, die in südlicher Richtung des Grote Markt liegen.

KLEINE PAUSE

Limonade im Garten des Prinzen

Die wohl schönste grüne Oase der Stadt ist der Prinsentuin ❿ mit seiner Teestube im Kräutergarten (April bis Oktober tägl. 10–18 Uhr). Lust auf ein Käsebrot und eine hausgemachte Limonade unter Apfelbäumen? Das kann man sich im Kiosk namens Theeschenkerij (Teeausschank) holen. Spielt das Wetter nicht mit, dann ist das Grand Café im Prinzenhof, untergebracht in einer früheren Abteikirche, für ein Mittagessen oder für Kaffee und Kuchen empfehlenswert.

Erlebenswertes im Zentrum

❶ Groninger Museum ★★★ [I C5]

Von außen ebenso spektakulär wie von innen: Das bedeutendste Kunstmuseum der nördlichen Niederlande zeigt u. a. Kunsthandwerk, Gemälde des 17. Jahrhunderts und moderne sowie zeitgenössische Kunst. Vor allem die Porzellansammlung wird auf eine nahezu magische Weise präsentiert.

Als ob jemand mit überdimensionalen, bunten Bauklötzen gespielt hätte: Ein gelbes Rechteck ragt in den Himmel, ein weißer Zylinder ruht auf einem Quadrat im Wasser, und auf einer anderen Insel „kleben" Kuben an einem kunterbunt gefliesten Gebäude. Der italienische **Architekt Alessandro Mendini** durfte sich hier ausleben, denn der damalige Museumsdirektor Frans Haks zeigte Mut. Das Geld stand ebenfalls zur Verfügung, stellte doch die Nederlandse Gasunie 1987 die stolze Summe von 25 Millionen Gulden (rund 11 Millionen Euro) für den Museumsbau zur Verfügung.

Mendini beauftrage weitere Architekten für die Gestaltung der drei Pavillons: den Italiener Michele de Lucchi, Philippe Starck aus Paris und die österreichische Künstlergemeinschaft Himmelb(l)au. Aber auch niederländische Designer holte er mit ins Boot. So entwarf Maarten Baas die Restaurantausstattung und Studio Job sowie einen Raum namens Job Lounge. Das Info Center stammt von Jaime Hayon.

Schon die **Lage im Wasser** zwischen Bahnhof und Innenstadt ist spektakulär – und unausweichlich überquert fast jeder Tourist und Pendler die schmale Brücke am Museum. Übrigens ist auch die Skulptur auf der Brücke vor dem Museumsein-

gang ein Werk Mendinis. Ebenfalls von ihm stammt der Eingangsbereich unterhalb des goldgelben Turms, in dem eine Wendeltreppe mit bunten Mosaiksteinen nach unten führt. Im Zentrum der spiralförmigen Treppe steht ein Podest mit einer großen Kristallkugel darauf: eine der größten **Swarovski-Kugeln** der Welt. Über das Untergeschoss sind die jeweiligen Pavillons miteinander verbunden.

Welche Kunstwerke gibt es in diesem Kunstwerk zu sehen? Der runde Pavillon von Philippe Starck zeigt **Keramik und Porzellan**, u. a. aus China, sowie Delfter Blau, präsentiert in einer zauberhaften Umgebung: Weiße Vorhänge – von der Decke bis zum Boden – bilden tunnelförmige Durchgänge, die immer wieder den Blick auf die Vitrinen mit Keramik freigeben. Dadurch hört man andere Museumsbesucher miteinander reden, doch man sieht sie nicht.

Michele de Lucchi war für den Pavillon verantwortlich, in dem die **Stadtgeschichte Groningens** thematisiert wird. Anhand von frühgeschichtlichen, mittelalterlichen und modernen Objekten wird erläutert, wie sich Groningen im Laufe der Jahrhunderte entwickelte. Zudem gibt es eine ständige Ausstellung mit Werken von u. a. **Rubens und van Gogh** sowie einen Bereich mit **Groninger Silber** und einen Raum mit **Porträts berühmter Groninger**, unter ihnen Aletta Jacobs, die erste Studentin der Niederlande (s. S. 29).

Weitere, mit bunten Wänden versehene Räume zeigen Werke der **Künstlergruppe Ploeg**, die ihren Ursprung in Groningen hatte. Der nordeuropäische Expressionismus präsentiert sich in farbenfrohen Bildern mit intensiven Rot-, Gelb- und Blautönen, ergänzt um Orange, Grün und Lila. Ploeg-Vertreter waren Jan Wiegers, Johan Dijkstra, Jan Altink, H.N. Werkman und Simon Steenmeijer. Inspi-

Auch das Gebäude ist ein Kunstwerk: Groninger Museum ❶

riert wurden sie u. a. von dem deutschen Expressionisten Ernst Ludwig Kirchner.

Im Himmelb(l)au-Pavillon (bunte Klötze) werden hauptsächlich **Wechselausstellungen** gezeigt, u. a. zu bestimmten Themen der Groninger Geschichte, aber auch zeitgenössische Kunst, beispielsweise Werke des niederländischen Künstlers Maarten Baas.

❯ Museumeiland 1 („Museumsinsel", neben dem Bahnhof), www.groningermuseum.nl, Eintritt: Erw. 13 €, Studenten 10 €, Kinder und Jugendliche bis 18 Jahre frei, geöffnet: tägl. außer Mo. 10–17 Uhr, Erklärungen zu den Werken auch in deutscher Sprache

❷ Synagoge ★★ [I C4]

Ein Hauch von Alhambra weht durch die Synagoge mit ihren maurischen Fensterbögen, den Majolika-Fliesen und den rot gefärbten Steinen.

Vor rund 110 Jahren war die Synagoge für die inzwischen auf 2800 Mitglieder angewachsene jüdische Gemeinde in Groningen zu klein geworden. Ein neuer, größerer Bau musste her. Doch einen geeigneten jüdischen Baumeister konnte man nicht finden und so wählte man die in Friesland geborenen Architekten Tjeerd Kuipers und Ytzen van der Veen. Sie entschieden sich für einen christlichen, also kreuzförmigen Grundriss und für **maurische Elemente.** Die Inspiration dazu erhielten sie während einer Studienreise durch Deutschland, als sie die Synagoge in der Berliner Oranienburger Straße besichtigten. Sie hatten freie Wahl, denn einen typisch „jüdischen" Baustil gab es nicht und man hielt maurische Elemente für passend.

Im Jahr 1906 wurde die neue Synagoge geweiht. Sie verfügte über 400 Sitzplätze für Männer im unteren Bereich und 150 Sitzplätze für die Frauen im oberen Bereich. Zur Synagoge gehörten auch **Mikwaot,** Bäder für die rituelle Reinigung. Über der Synagoge prangt ein Schriftzug, der übersetzt ungefähr so lautet: „Gesegnet sind die, die hier ein- und ausgehen".

Als zwischen 1942 und 1943 fast alle jüdischen Bewohner der Stadt in Konzentrationslager verschleppt wurden (u. a. nach Auschwitz und Sobibor), verfiel die Synagoge. Sie wurde als Lager für beschlagnahmte Gegenstände wie Radios genutzt. Nach dem Krieg kehrten lediglich 200 Juden nach Groningen zurück – nicht aus den Konzentrationslagern, sondern aus ihren Verstecken. Für den Aufbau einer neuen jüdischen Gemeinde war das nicht genug und man wollte die Synagoge verkaufen. Eine **chemische Reinigung** ließ sich in dem schönen Gebäude nieder (und machte viel kaputt). Erst durch die Einrichtung einer Stiftung konnte die Synagoge 1975 vor dem Untergang bewahrt werden.

Die Synagoge mit ihren Nebenräumen wird heute noch von der jüdischen Gemeinde für die **Sabbatfeier,** für jüdische Feste sowie für den Hebräisch-Unterricht genutzt. Auch die zwei Mikwaot wurden ausgehoben und können besichtigt werden.

Die jüdischen Gemeindemitglieder wohnten hauptsächlich in und rund um die Folkingestraat [I C4], in der noch einige Kunstwerke an die deportierten Juden erinnern, darunter der **Schriftzug** „weggehaald" („weggeholt") zwischen den Häusern 9 und 11.

❯ Folkingestraat 60, www.synagogegroningen.nl, Eintritt: 5 € (inkl. Führung), geöffnet: Di.–So. 13–17 Uhr, Führungen zu jeder vollen Stunde

❸ A-Kerk und Akerkhof ★ [I B4]

Der ungewöhnliche Name stammt vom Fluss Aa, an dem Kirche und Friedhof *(kerkhof)* standen. Der ursprüngliche Name lautete *Kerk van Onze Lieve Vrouwe ter Aa* (Kirche unserer Lieben Frau an der Aa), doch nach der Reformation wurde sie zur Aa-Kerk bzw. A-Kerk. Leider ist die **A-Kerk** nur noch im Rahmen von Veranstaltungen geöffnet. Ihr auffälliger, 76 m hoher und schön geschwungener Turm mit den gelblichen Verstrebungen gehört zu den beliebtesten Fotomotiven der Stadt.

Das Gotteshaus wurde zwischen 1425 und 1495 als Kreuzbasilika errichtet, im Lauf der Jahre waren aufgrund von Kriegen und Blitzeinschlägen viele Renovierungen nötig. So knickte die Turmspitze während eines Sturms im Jahr 1671 ab; 1710 stürzte der ganze Turm ohne ersichtlichen Grund ein, wobei zwei Menschen ums Leben kamen.

Im Kircheninneren befindet sich eine **Orgel des deutschen Orgelbauers Arp Schnitger** aus dem Jahr 1702, weshalb die Kirche auch als Austragungsort für sommerliche Orgelkonzerte dient. Neben Konzerten und anderen Veranstaltungen wird die A-Kerk auch für Fotoausstellungen der benachbarten Galerie Noorderlicht genutzt (s. S. 57).

Der der Kirche vorgelagerte Platz namens **A-Kerkhof** ist eigentlich eine Verlängerung des Vismarktes. An ihm befinden sich die Korenbeurs (Kornbörse), die einen Albert-Heijn-Supermarkt beherbergt (s. S. 17), und Geschäfte des höheren Preissegments wie Boss, Hilfiger, Derksen & Derksen (Marc Cain und Cambio) und Claudia Sträter sowie die Galerie Noorderlicht.

› Akerkhof 2

❹ Noordelijk Scheepvaartmuseum (Schifffahrtsmuseum des Nordens) ★★ [I B4]

Mit viel Liebe widmet sich das in zwei mittelalterlichen Häusern untergebrachte Museum dem Thema Schifffahrt. Es gibt viel zu sehen – von Modellschiffen über Kapitänszimmer bis zu Schiffsmotoren.

Es macht Freude, das Schifffahrtsmuseum zu besuchen, denn man sieht, dass hier viel Herzblut drinsteckt. Es riecht nach frischem Bohnerwachs, das auf dem alten, knarzenden Holzboden aufgetragen wurde, und die Vitrinen voller Schiffsmodelle und Navigationsgeräte sind blitzblank geputzt. Der Rundgang beginnt mit einem animierten **Film über Groningen im Jahr 1470** in niederländischer Sprache. Was deutlich wird: Der Aufstieg Groningens ist der Schifffahrt zu verdanken, denn der Handel war es, der dem Ort zu

Groningen entdecken

Wohlstand verhalf. Über Schiffe wurden Waren aus europäischen Ländern nach Groningen gebracht, von wo aus sie ins Hinterland weiterverschifft wurden. Von circa 1200 bis 1600 war die Stadt Teil des **Hansebundes**. Man betrieb Handel auf der Nord- und Ostsee, mit England und Skandinavien. Erst als im 16. Jahrhundert Amsterdam und Antwerpen die Geschäftsbeziehungen mit Übersee ausbauten, verlor Groningen seine Vormachtstellung.

Ein anderer Wirtschaftszweig wurde lukrativ: Der Abbau von Torf in den Moorgebieten, denn **Torf** war ein wichtiger Brennstoff. Er wurde mit Kähnen namens *Tjalken* transportiert, deren Boden flach war und die seitliche Schwerter hatten. So konnten sie weit in die flachen Gewässer der Moorgebiete hineinfahren. Modelle von *Tjalken* und Prahmen sind ebenfalls im Museum zu sehen.

Im Schifffahrtsmuseum:
Die gute Stube mit Schifferhündchen
auf dem Kamin

Der Turm der A-Kerk

KURZ & KNAPP

Ein Geschenk, das man lieber nicht bekommen möchte

Man findet sie noch in einigen niederländischen Museen: die Staffordshire-Hunde aus Steingut, auch „Schifferhündchen" genannt. Sie zierten im 19. Jahrhundert so manchen Kaminsims im heimischen Wohnzimmer. Die Frauen waren stolz auf die kleinen Hündchen, denn sie waren Geschenke ihrer Männer, die sie von ihren Seereisen mitbrachten. Was die Ehefrauen nicht wussten: Die Staffordshire-Hunde waren ein Beweis für die Untreue des Ehemannes, denn sie stammen von englischen Prostituierten. Da es früher gesetzeswidrig war, dem horizontalen Gewerbe nachzugehen, verkauften die Prostituierten solche Hündchen. So bezahlten die Kapitäne nicht für die „Liebesdienste", sondern für die Steinguthunde, die sich zudem gut als Geschenk für die Ehefrauen eigneten. Noch eine weitere Bedeutung hatten die Vierbeiner. Sie standen im Fenster der Prositutierten und schauten sie nach draußen, war die Dame noch zu haben. Kehrte der Hund dem Fenster den Rücken zu, war sie beschäftigt.

Besonders schön sind auch die **original eingerichteten Zimmer**, u. a. das eines Ameländer Walfängers aus dem 19. Jahrhundert, oder ein Kolonialwarenladen für die Schiffsverpflegung aus dem letzten Jahrhundert. Andere Räume sind der Navigation, der Fischerei, der modernen Schifffahrt, dem Walfang, dem Schiffsbau und der Archäologie gewidmet. Auch für Kinder ist das Museum wunderbar, denn die vielen Schiffsmodelle und Stilzimmer machen den Rundgang interessant. Außerdem können sich die Kleineren (4–6 Jahre) ein Bilderbuch geben lassen, dessen abgebildete Gegenstände sie im Museum suchen müssen. Alles gefunden? Dann gibt es an der Kasse eine kleine Überraschung.

Zu den **Gebäuden**: Die zwei Häuser stammen aus dem Mittelalter, ihre Fassaden wurden später nachgestaltet. Das Gotisch Huis erhielt seine Fassade Ende des 15./Anfang des 16. Jahrhunderts, das Canter Huis seine im 19. Jahrhundert.

Tipp: Informationen auf Deutsch kann man über das Smartphone unter http://museum.eezeebee.com abrufen.

› Brugstraat 24, Eintritt: Erw. 6 €, Kinder 7–15 Jahre 3,50 €, www.noordelijkscheepvaartmuseum.nl/de, geöffnet: Di.–Sa. 10–17, So. und feiertags 13–17 Uhr

❺ Hoge der A und Lage der A ★★★ [I B3]

Die pure Nordholland-Idylle: eine Gracht, in der alte Segelschiffe schaukeln, gesäumt von einem Kai mit historischen Herren- und mehrstöckigen Lagerhäusern, hinter denen die A-Kerk ❸ hervorragt.

Zugegeben, der Name ist kompliziert: Der „Aa" ist ein kleiner Fluss, der durch die Provinzen Groningen und Drenthe fließt und daher auch den Beinamen Drentsche Aa trägt. Auch durch die Stadt Groningen strömt die Aa, an ihrem Ufer steht u. a. die Aa-Kerk. Im Laufe der Zeit wurde aus der Aa einfachheitshalber die A. Und nun zum „Hohen und Lagen": Das bezieht sich auf die Kaimauern, die die Aa in Groningen säumen. Östlich des Kanals liegt die hohe Kaimauer, westlich die „lage", also niedrige, **Kaimauer**. Man geht davon aus, dass bei Flut an der hohen Kaimauer die Ladungen der Schiffe gelöscht wurden und

bei Ebbe an der niedrigen. Bis 1877 waren die Gezeiten der Nordsee in der Stadt spürbar, ab dann regulierten Schleusen den Wasserstand.

Heute grenzen an den Fluss A in Groningen die Straßen Hoge der A und Lage der A, in denen historische Lagerhäuser wie das Pakhuis Libau aus dem 13. Jahrhundert (Hoge der A 5) und das Pakhuis London (Hoge der A 21) stehen. Viele der Gebäude sind denkmalgeschützt Ganz neu dagegen ist das öffentliche **Pissoir** des bekannten niederländischen Architekten Rem Koolhaas an der abzweigenden Straße Reitemakersrijge, dessen Milchglas-Wände blau-weiße Fotografien des Star-Fotografen Erwin Olaf zieren („der Kampf der Geschlechter"). Hier pinkelt man regelrecht gegen Kunst an (leider nur für Männer).

Im Norden mündet die Aa in den Reitdiep, an dieser Stelle liegt der **Noorderhaven**. Er ist nicht mehr als ein etwas breiterer Teil der Stadtgracht („diepenring"), in dem einige Hausboote und historische Segelschiffe ankern. Er liefert einen bunten, interessanten Anblick mit teilweise gepflegten, teilweise halb vergammelten Schiffen, auf deren Decks bunte Blumentöpfe stehen oder Unterhosen an der Wäscheleine im Wind baumeln. Bis 2010 war er der letzte Freihafen der Niederlande, in dem Schiffe anlegen konnten, sofern ein Platz frei war. Nachdem aber die etwas in die Jahre gekommenen Hausboote nicht mehr von der Stelle wichen, beschloss man, in Zukunft nur noch gut unterhaltene, historische Segelschiffe zuzulassen.

❻ Universiteitsmuseum (Universitätsmuseum) ★★ [I B3]

Das Universiteitsmuseum ist ein kleines, aber feines Museum, das man kostenlos besichtigen kann. Anhand von Instrumenten, Demonstrationsobjekten und präparierten Tieren wird über 400 Jahre akademische Forschung informiert. Vor allem im „anatomischen Theater" gibt es einiges zum Gruseln.

Das Universitätsmuseum ist eine versteckte Perle inmitten der lebhaften Innenstadt. Im Erdgeschoss werden **Wechselausstellungen** zu wissenschaftlichen Themen gezeigt, die so interessant aufbereitet sind, dass sich keiner langweilt – selbst Kinder nicht. Im Obergeschoss befindet sich die **Dauerausstellung.** Hier ist das Original-Sprechzimmer von **Aletta Ja-**

◁ Alte Speicherhäuser prägen das Bild an Hoge und Lage der A

△ Im Universitätsmuseum gibt es anatomische Exponate zum Gruseln

ran erstickt ist. Zu sehen sind auch „siamesische Zwillinge", ein Zyklopen-Baby (mit einem Auge) und eine Hand mit Pocken – all das in durchsichtiger Konservierungsflüssigkeit in Glasbehältern.

❯ Oude Kijk in Het Jatstraat 7A, www.rug.nl/society-business/university-museum, geöffnet: tägl. außer Mo. 13–17 Uhr, Eintritt frei

❼ Academiegebouw (Akademiegebäude) ★ [I B3]

Eine altehrwürdige Universität braucht ein entsprechend repräsentatives Gebäude. Das Akademiegebäude der 1614 gegründeten Universität wird dieser Aufgabe gerecht. Allerdings sieht es älter aus als es ist, denn es wurde erst 1909 nach Plänen von J. A. Vrijman im Stil der Neorenaissance errichtet.

cobs zu sehen, der ersten Studentin der Niederlande und späteren Ärztin und Frauenrechtlerin. Weiterhin gibt es einen großen Saal, den man als **historisches Kabinett** bezeichnen kann, ein Sammelsurium von Lehrobjekten aus den letzten Jahrhunderten. Man findet einen Antimonitkristall ebenso wie alte Mikroskope, einen Hygrometer und in Formalin aufbewahrte tätowierte Hautstücke. Aber auch ein aufgeschraubter Fernseher aus dem Jahr 1948 und eine Camera obscura von 1750 sind zu sehen. Allein in diesem Saal könnte man wegen der interessanten Objekte in den Vitrinen ewig bleiben. Vom Kabinett führt der Weg in einen kleinen Nebenraum, der als „**anatomisches Theater**" bezeichnet wird und nicht unbedingt etwas für Zartbesaitete ist: Gezeigt wird die Speiseröhre eines Menschen, der sein eigenes Gebiss verschluckt hat und da-

Abbildungen der Vorgängerbauten kann man sehen, wenn man im Gebäudeinneren die monumentale Treppe hinaufgeht und dort das **riesige Buntglasfenster** studiert. Dort ist das Akademiegebäude aus dem Jahr 1614 dargestellt, das nach über 200 Jahren Nutzung in einem solch erbärmlichen Zustand war, dass es abgerissen werden musste. Das zweite, klassizistische Gebäude war erheblich monumentaler, wurde allerdings 1906 durch einen Brand vernichtet. Drei Jahre später konnte das heutige Akademiegebäude eingeweiht werden, an dessen Fassade in den Giebeln Minerva, die Göttin der Weisheit, und die Göttinnen Scientia und Historia bestaunt werden können.

In der prachtvollen **Aula** im ersten Stock werden u. a. die Eröffnung des

◹ Ein Wimmelbild gegen ermüdende Vorlesungen (in der Aula der Uni)

Aletta Jacobs (1854–1929): die erste Studentin der Niederlande

„Die Unterzeichnende nimmt sich höflich die Freiheit, sich mit einer Bitte an Ihre Exzellenz zu wenden, sodass Ihre Exzellenz ihr wohlgesonnen (…) die Zustimmung geben möge, am akademischen Unterricht in Groningen teilnehmen zu dürfen." Diesen Wunsch ließ die damals siebzehnjährige Aletta Jacobs im Jahr 1871 über ihren Vater an Minister Thorbecke senden. Als Antwort bekam der Vater: *„Die Teilnahme einer Frau an diesen Vorlesungen wird – so scheint es – der erste Versuch dieser Art hierzulande sein."* Und dieser Antrag wurde gewährt – von keinem Geringeren als König Willem III. Damit war Aletta Jacobs die erste Studentin der Niederlande. Nach erfolgreich abgeschlossenem Studium wurde Aletta Ärztin und Kämpferin für Frauenrechte. Sie trat für das Wahlrecht der Frauen ein, was erst 1922 von Erfolg gekrönt war, als dieses Recht in der Verfassung verankert wurde – einige Jahre später als in Norwegen, Polen und Deutschland. Das original erhaltene Sprechzimmer der Aletta Jacobs ist im Universiteitsmuseum ❻ zu sehen.

---

akademischen Jahres und Promotionen gefeiert. Dabei wird auch so manche (langatmige) akademische Rede gehalten. Man sagt, das Wandgemälde („Baum der Erkenntnis" der Groninger Künstler Matthijs Röling und Wout Muller aus dem Jahr 1987) hinter dem Rednerpult sei nur deshalb so überladen und mit interessante Details in der Art eines Wimmelbildes bestückt, damit die Studenten bzw. Zuhörer während einer längeren Rede nicht einschlafen, sondern sich mit der Komplexität des Wandgemäldes wach halten können.

Unter den **Buntglasfenstern** in der Aula fällt eines mit dem Buchstaben W auf. Königin Wilhelmina schenkte es der Universität Groningen als Dank dafür, dass man ihr 1914 den Ehrendoktortitel verliehen hatte. Im rechten Fenster sind u. a. die Professoren Petrus Camper (Arzt und Anatom) und Jacobus Cornelius Kapteyn (Astronom) abgebildet.

Die Wände im **Senatssaal** sind mit den Porträts der Professoren bestückt. In den **Fakultätszimmern** im ersten Stock, u. a. Medizin, Theologie und Jura, werden die Promotionsurkunden ausgehändigt und Verhandlungen abgehalten.

Berühmte Studenten der Universität Groningen waren Frits Zernike (Nobelpreisträger Physik), Ben Feringa (Nobelpreisträger Chemie), Klaas Knot (Präsident der Nederlandsche Bank) und Wubbo Ockels (erster niederländischer Astronaut).

› Broerstraat 5, im Rahmen einer Stadtführung des VVV zu besichtigen (s. S. 54)

❽ Grote Markt mit Stadhuis (Rathaus) ★★★ [I C3]

Am Grote Markt schlägt das Herz der Stadt. Hier stehen der „alte Graue", der Martiniturm ❾, und die dazugehörige Martinikirche sowie Europas größte Kneipe, Drie Gezusters (s. S. 60), die sich über einen ganzen Häuserblock erstreckt. Für Trubel sorgt nicht zuletzt der fast täglich stattfindende Markt zu Füßen des Rathauses.

Das **Stadhuis** (**Rathaus**) wurde von Jacob Otten Husly im klassizistischen Stil erbaut und sollte das alte, mittelalterliche „Wein- und Rathaus" (welch eine Kombination!) ersetzen, da es zu klein geworden war. 1775 wurde der alte Bau abgerissen. Doch bevor das neue Rathaus an dieser Stelle stand, dauerte es eine Weile: Der erste Entwurf war zu teuer, dann marschierten französische Truppen ein. Im Jahr 1810 war das neue Rathaus endlich fertig. Heute tagt hier der Stadtrat, Ehen werden geschlossen und im Alten Ratssaal tragen sich prominente Besucher in das Goldene Buch der Stadt ein. Das Rathaus steht an der Westseite des Grote Markt und wer vom Haupteingang aus gesehen rechts herum geht, der entdeckt erst eine Büste von General Rabenhaupt, der Groningen vor der Armee des Bischofs von Münster schützte, und dann an der Rückseite Einschusslöcher, die aus dem Zweiten Weltkrieg stammen.

Der **Goudkantoor** (Goldkontor) hinter dem Rathaus wurde 1635 im Stil der niederländischen Renaissance errichtet. Das prachtvolle Backsteingebäude mit der reich geschmückten Fassade mit Muschelverzierungen und dem geschwungenen Giebel diente früher als Steueramt, daher auch die Aufschrift: *Date Caesari quae sunt Caesaris* („Gebt dem Kaiser, was des Kaisers ist"). Der Name Goldkontor stammt aus der späteren Verwendung als Goldschätzstelle. Heute ist im Gebäude ein Restaurant (s. S. 49) untergebracht.

Neben der Martinikerk ❾ ragt ein 45 m hohes Gebäude in den Himmel, das sich derzeit noch im Bau befindet ist und 2019 fertiggestellt werden soll.

Bei ihm handelt es sich um das **Groninger Forum**, ein Kultur- und Informationszentrum. Der eigenwillige Bau erinnert ein bisschen an ein verdrehtes und auseinandergerissenes Rechteck, das in der Mitte eine zackige Glaswand besitzt. Im Groninger Forum werden sich später einmal der VVV (Touristeninformation) sowie ein Teil des Groninger Museums ❶, Kinosäle, eine Bibliothek und ein Restaurant sowie in den Kellergeschos-

Groningen entdecken

sen Garagen für Autos und Fahrräder niederlassen.

Außerdem befindet sich am Grote Markt die auffällig gefliste, kubusartige **Informationsstelle des VVV** (siehe s. S. 54), der Touristeninformation, in der neben Prospekten und Souvenirs auch die Zugangsmarke für den Martinitoren ❾ erhältlich ist.

Für viele nicht unwichtig dürfte das Häuserviertel an der Südseite des Grote Markt sein. Hier befindet sich Europas größter Gastronomiebetrieb bzw. Europas größte Kneipe (da scheiden sich die Geister), die **Drie Gezusters**. Wie dem auch sei: Mit über zehn Kneipen-, Bar- und Restaurantbereichen sowie einem Hotel ist hier vom frühen Morgen bis zum nächsten frühen Morgen für alles gesorgt, was Leib und Seele zusammenhält und zudem auch noch richtig Spaß macht. In der Nacht locken Drehbar, Cocktails und gute Musik bis zum Morgengrauen. Doch auch am Nachmittag auf der sonnigen Terrasse am Grote Markt kann man es mit Groninger Bier und „Eierball" (s. S. 44) gut aushalten.

› Rathaus, Grote Markt 1, geöffnet: Mo.–Fr. 8–18 Uhr, außerdem im Rahmen der Stadtführung

❾ Martinikerk und Martinitoren ★★★ [I C3]

Ganze 500 Jahre ist er alt und stolze 97 Meter hoch, und dennoch wird der Martiniturm von seinen Groningern respektlos (oder liebevoll, man kann es sich aussuchen) *Olle Grieze*, „Alter Grauer", genannt. Die dazugehörige Kirche ist die älteste und größte der Stadt.

◁ *Treffpunkt Grote Markt* ❽*: zum Essen oder auf ein schnelles „biertje"*

Der Bau der Martinikirche begann um 1230 im romanischen Stil. Das Bauwerk in Form einer Kreuzbasilika verfügt über ein Hauptschiff, zwei Seitenschiffe, ein Querschiff und eine Apsis. Da die Stadt Groningen wuchs und immer mehr Kirchgänger und Pilger in das Gotteshaus drängten (es beherbergte schließlich eine ganz besondere Reliquie, den Arm von Johannes dem Täufer), wurde sie zwei Jahrhunderte später erweitert: mit einem **gotischen Chor**, höheren und breiteren Seitenschiffen sowie einem Kreuzgiebeldach – alles im Sinne der Gotik, die das göttliche Licht in das Kirchengebäude hineinlassen wollte. Während der sog. **Reductie van Groningen** im Jahr 1594 wurde Groningen von den katholischen Spaniern befreit. Seitdem ist die Kirche in protestantischer Hand; Reliquien und Heiligenabbildungen wurden entfernt und die Mauern wurden weiß gekalkt. Erst 1923 brachte man die alten Wandmalereien wieder ans Licht, u. a. die schönen **Fresken**, deren älteste aus dem späten 14. Jahrhundert stammt und Maria auf dem Thron des Salomon zeigt. Dieses Fresko befindet sich an der zweiten Säule im linken, südlichen Seitenschiff mit Blick auf die Orgel (siehe den Kirchengrundriss, der am Eingang der Martinikerk auch in deutscher Sprache ausgegeben wird). Auf der anderen Seite sieht man im Kreuzrippengewölbe Abbildungen von Johannes dem Täufer und dem heiligen Martin, dem Namensgeber der Kirche.

Die **Orgel von Arp Schnitger** gehört zu den größten Barockorgeln Nordwesteuropas. Schnitger baute die bestehende Orgel, deren älteste Teile noch aus der Zeit vor 1450 stammten, zu ihrer heutigen Form

aus – mit einem rund neun Meter hohen Bassturm. Im Jahre 1730 wurde sie noch einmal erweitert. Mit ihren 53 Stimmen ist die Martiniorgel das größte historische Instrument im Norden des Landes.

Die **Wandmalereien** unter dem himmelblauen Kreuzrippengewölbe im Hauptflügel stammen aus der Zeit zwischen 1535 und 1540 und zeigen im Süden Szenen aus dem Weihnachtszyklus (u. a. Verkündigung durch den Erzengel Gabriel, Geburt Christi, Anbetung der Heiligen Drei Könige) und im Norden Szenen aus dem Osterzyklus (u. a. das letzte Abendmahl und die Kreuzigung).

Wer durch die Kirche geht, sollte aufpassen, denn einige Grabsteine ragen ein Stück aus dem Boden hervor. Rund **300 Grabplatten** pflastern den Kirchenboden, doch es ruht dort niemand mehr. In den 1930er-Jahren wurde die Kirche komplett geräumt. Seit 1829 war es verboten, Tote in der Kirche zu bestatten, denn das Öffnen der Gräber behinderte den Gottesdienst und hinterließ zudem im Kirchenraum einen unangenehmen Leichengeruch. Außerdem wusste man inzwischen, dass Kirchenbestattungen nicht sonderlich hygienisch waren und damit die Seuchengefahr stieg.

Heute wird die **Martinikerk** an Sonntagen für Gottesdienste genutzt, an anderen Tagen u. a. für Ausstellungen oder Veranstaltungen. Wann genau die Kirche zu besichtigen ist, erfährt man auf der Website.

Die Vorgängertürme des **Martinitoren** wurden beide durch Blitzeinschläge vernichtet. Mit dem Bau des heutigen Turms begann man im 16. Jahrhundert. Als er im Jahr 1554 die stattliche Höhe von 100 Metern erreicht hatte (einer der höchsten Türme der Niederlande!), kamen Bürger auf die glorreiche Idee, den Abzug einer wallonischen Soldatengarnison mit einem Freudenfeuer auf dem Martinitoren zu begehen. Das Ende vom Lied: Die Spitze ging in Flammen auf und der Turm schrumpfte auf die heutigen 97 Meter (inklusive der Windfahne, die den Schutzheili-

Wandmalereien unter dem himmelblauen Kirchendach

Groningen entdecken

gen der Kirche, St. Martin, zeigt). Wie auch der Turm in Leeuwarden ⓱ ist der Martinitoren nicht komplett gerade: Er neigt sich um 70 cm zur Seite.

Bis zur Höhe von 90 Metern könnte man den Turm über 370 Stufen theoretisch besteigen, doch dann steht man mitten in der Krone und das ist nur dem Personal vorbehalten.

Besuchern ist die **Turmbesteigung bis zu einer Höhe von 56 Metern** über 251 Stufen erlaubt. Der Aufstieg ist etwas anstrengend, denn er erfolgt über eine schmale, jahrhundertealte Wendeltreppe. Bei Gegenverkehr kann es schon mal eng werden, doch es gibt immer wieder Stellen zum Ausweichen. Im ersten Stock hängt ein dickes Seil … man darf daran ziehen! Dann setzt sich die Kirchenglocke des Martinitoren in Bewegung, wobei man selbst in die Luft gehoben wird.

Weiter geht es nach oben und Besucher gelangen hinaus auf die Balustrade in 40 Metern Höhe (174 Stufen), die einmal um den Turm herumführt. Von hier aus hat man einen schönen Blick über die Dächer der Stadt und auf eine **Sonnenuhr** aus dem Jahr 1748, die älteste der Niederlande. Wer möchte, gelangt durch eine weitere Tür und über eine andere Treppe noch etwas höher zu einer Plattform unter den Glocken. Von hier aus beobachtete bis zum Beginn des letzten Jahrhunderts der Turmwächter die Stadt und schlug Alarm, sobald er einen Brand entdeckte. Auf der Spitze des Martinitorens befindet sich eine Krone mit einem Windweiser in Form eines Pferdes.

In den Niederlanden ist es noch immer Tradition, das **Glockenspiel** der Kirchtürme erklingen zu lassen. Das geschieht meist automatisch, nur zu bestimmten Anlässen besteigt ein sog. *beiaardier* den Turm, um „live" zu spielen. Es ist das Reich von Auke de Boer, seines Namens Stadsbeiaardier, und das seit über 20 Jahren! Ein Beiaardier spielt die Glocken nicht, indem er an Seilen zieht, sondern er nutzt ein sog. Carillon, das er mit Füßen und Fäusten bedient. Wer Glück hat, hört Auke de Boer auf dem Hemony-Carillon mit 52 Glocken (in 68 Metern Höhe!) am Samstag vom Martinitoren herab oder am Dienstag zwischen zehn und elf Uhr morgens, wenn er das Carillon im Akademiegebäude ❼ spielt.

› www.martinikerk.nl (Infos zu Öffnungszeiten unter dem Punkt „Toeristen"), Eintritt: 1 €

› Martinikerkhof 3, Eintritt Kirchturm: 3 €, geöffnet: tägl. außer montags und manchmal auch sonntags 11–17 Uhr. Die Münze für die Drehtüre ist im benachbarten VVV-Gebäude (s. S. 54) erhältlich.

▷ *Der „Alte Graue" ist das Wahrzeichen der Stadt*

❿ Prinsenhof und Prinsentuin ★★★ [I D2]

Auf eine lange und abwechslungsreiche Geschichte kann der Prinsenhof zurückblicken, denn bevor hier ein Luxushotel einzog, wohnten Mönche, ein Bischof, Prinzen und französische Verwundete in dem Stadtpalast.

Das Gebäude wurde 1436 von den „Brüdern des gemeinsamen Lebens" errichtet, einer ordensähnlichen Gemeinschaft. In ihrer früheren Kirche ist heute ein Grand Café untergebracht; Teile eines gotischen Fensters sind noch zu sehen.

Nach dem Auszug der Brüder nahm 1569 der erste **Bischof von Groningen und Drenthe** das Gebäude zum Wohnsitz und ließ weitere Flügel anbauen, da ihm das Gebäude nicht groß genug erschien. Ende des 16. Jahrhunderts geriet das Bauwerk in die Hände der **Prinzen von Nassau**, die in Groningen und Friesland als Statthalter („anstatt des Königs") regierten. Das Gebäude bekam den Namen Prinsenhof, wobei sich die Prinzen hier so gut wie gar nicht aufhielten. Sie bevorzugten den Palast in Leeuwarden ⓴. Dennoch ließen sie den Prinsentuin (den Prinzengarten) anlegen, den die Anfangsbuchstaben des Statthalters Willem Frederik und seiner Frau Albertine Agnes noch heute in Heckenform zieren. Im 19. Jahrhundert richteten französische Soldaten im Prinsenhof ein Militärlazarett ein, später folgte eine Kaserne. Mitte des 20. Jahrhunderts hatte hier der Fernsehsender RTV Noord seinen Sitz. Erst 2005 begann man, den Prinsenhof einer gründlichen Renovierung zu unterziehen, die drei Jahre dauern sollte. Heute befinden sich hier ein Hotel mit 34 Zimmern (Prinsenhof, s. S. 34), zwei Restaurants und ein schöner Hofgarten.

Der **Prinsentuin** (**Prinzengarten**) ist eine echte Oase der Ruhe inmit-

Im Prinsenhof kann man in bester Gesellschaft übernachten oder einen Tee trinken

Groningen entdecken

ten der Stadt! Und welch eine gepflegte Augenweide! Duftende Rosen blühen in voller Pracht, akkurat gestutzte Buchsbaumhecken formen Ornamente und romantische Laubengänge ermöglichten den Damen einen Spaziergang im Schatten, denn braune Haut war im 17. Jahrhundert wahrlich kein Schönheitsmerkmal (sondern kennzeichnete die auf den Feldern arbeitenden Bauern). Auf der von Kräuterbeeten umgebenen Wiese kann man im Schatten der Bäume einen Kaffee oder Tee trinken, ausgeschenkt in einem kleinen Kiosk. Der Prinsentuin ist ein Musterbeispiel für einen niederländischen Renaissancegarten. Und das Schönste ist: Es kostet keinen Cent, diese Pracht zu erleben. Beim Betreten des Gartens durch den Zonnewijzerpoort sollte man sich einmal umdrehen, denn über dem Eingangstor befindet sich auf der Gartenseite eine **prachtvolle Sonnenuhr**, über der auf Latein steht: Tempus Praeteritum Nihil Futurum Incertum. Praesens Instabile Cave Ne Perdas Hoc Tuum. Dies lässt sich übersetzen mit „Die Vergangenheit ist nichts, die Zukunft ungewiss, die Gegenwart unbeständig. Verschwende nicht deine Zeit." Also schnell im wunderschönen Prinsentuin eine Tasse Tee genießen ...

❯ Prinsentuin, Martinikerkhof 23, Turfsingel zwischen Kattenhage und Turfstraat, geöffnet: täglich 10–18 Uhr, So. bis 16.30 Uhr. Jedes Jahr findet im Prinsentuin das Literaturfestival „Dichters in de Prinsentuin" statt.

KURZ & KNAPP

Des Königs Initialen

In dem Luxushotel Prinsenhof nächtigt auch gerne die niederländische Königsfamilie, wenn sie in der Gegend weilt. Es geht das Gerücht um, dass König Willem-Alexander eines Morgens an das Fenster seines Hotelzimmers trat und auf den Prinsentuin ❿ blickte. Seine Miene hellte sich auf: Welche eine nette Geste, extra für ihn ein W für Willem und ein A für Alexander mit Buchsbaumhecken anzulegen! Erst sein Page klärte ihn auf, dass die Buchsbaum-Initialen schon etwas länger dort stehen und für Willem Frederik und seine Frau Albertine Agnes gedacht waren, die im 17. Jahrhundert den Prinsenhof als Statthalter-Palast nutzten.

Gasthäuser/Hofjes

Über 30 Hofjes gibt es noch in Groningen, die hier Gasthäuser *(gasthuizen)* genannt werden. Hofjes sind kleine Häuser, die meist um einen Innenhof gebaut wurden. Sie dienten früher als Wohnsitz für arme, kranke und alte Mitmenschen, die oftmals kostenlos oder gegen ein geringes Entgelt im Hofje wohnen konnten. Eines der Gasthäuser, das **Jacob- und Annagasthuis** [I B3], war in Groningen wegen seines guten Essens bekannt und hatte daher den Beinamen *lekkerbeetjesgasthuis* (Leckerbissengasthaus). Das Essen war scheinbar derart gut und nahrhaft, dass einer der Bewohner, Geert Boomgaard, das stolze Alter von 110 Jahren erreichte (gestorben 1899). Heute wohnen dort hauptsächlich Künstler.

Die drei bekanntesten Hofjes in Groningen sollen hier vorgestellt werden, sie stehen nicht weit auseinander. Die anderen Groninger „Gasthäuser" werden in einer Broschüre beschrieben, die beim VVV Groningen (s. S. 54) gegen eine geringe Gebühr erhältlich ist (bisher nur in niederländischer Sprache). Einige der Hofjes sind nicht zugänglich, doch die folgenden können tagsüber gratis besichtigt werden, man bittet jedoch um Respekt vor den Bewohnern.

⓫ St. Anthony Gasthuis ★★ [I D4]

Gegründet wurde das Hofje im Jahr 1517 mit dem Ziel, armen und kranken Mitmenschen Obdach zu bieten. Ursprünglich stand es außerhalb der Stadtmauer, denn die Kranken wollte man nicht in der Innenstadt haben. Als im Jahr 1644 in Groningen die Pest ausbrach, wurden auch Pestkranke ins Gasthaus gebracht. Zwischen 1702 und 1844 fand der hinterste Bereich des Hofjes Verwendung als „Irrenhaus" – mit dem praktischen Nebeneffekt, dass man für das sonntägliche Begaffen der Geisteskranken Eintritt verlangen konnte. In den 1930er-Jahren wurden im Hofje auch zwei kleine Häuser im Stil der Amsterdamer Schule errichtet.

Neben Kranken wohnten auch ältere Menschen im Hofje, die sog. *proveniers,* die sich hier „einkaufen", also sich einen Alterswohnsitz gegen Bezahlung sichern konnten. Der letzte dieser *proveniers* zog 1993 aus, seitdem ist das Sint Anthony Gasthuis auch für jüngere Leute und Studenten ein attraktiver Wohnort. Heute sind die Bewohner der 40 kleinen Häuser im Sint Anthony Gasthuis zwischen 30 und 90 Jahre alt. In einem der Häuser ist ein Bed & Breakfast untergebracht (s. S. 66).

› **St. Anthony Gasthuis,** Rademarkt 29, www.sintanthonygasthuis.com

gn-gr-042u

⓬ St. Geertruidsgasthuis/ Pepergasthuis ★★ [I D3]

Am Ende der beliebtesten Ausgangsmeile, der Peperstraat, steht das idyllische St. Geertruidsgasthuis, das aus mehreren Innenhöfen, einer Kirche und einem Speisesaal besteht. Gestiftet wurde es im Jahr 1405 zu Ehren der heiligen Gertrud, der Schutzheiligen der Pilger und Reisenden, denn das Hofje sollte vor allem Menschen, die zum Arm des Johannes des Täufers in der Martinikirche ❾ pilgerten, eine Unterkunft bieten. Später fanden hier auch arme, alte und kranke Mitbürger ein Obdach. Auf Spenden war man nicht mehr angewiesen, man konnte sich selbst versorgen. Es gab eine Bäckerei, eine Brauerei und natürlich auch hier die einträgliche Einkommensquelle der Zuschaustellung der „Verrückten", die im weißen Gebäude mit den vergitterten Fenstern hausten.

› **St. Geertruidsgasthuis/Pepergasthuis,** Peperstraat 22

⓭ Heilige Geestgasthuis/ Pelstergasthuis ★ [I C4]

Das älteste Gasthuis der Stadt (1267) ist auch das größte: Es umfasst fünf Höfe und eine Kapelle. Gestiftet wurde es vom Orden vom Heiligen Geist, dessen Symbol (ein doppeltes weißes Kreuz) noch an mehreren Stellen im Hofje zu sehen ist. Ursprünglich wurden im Heilige Geestgasthuis, das an der Stadtmauer stand, Pilger, Wanderer, Arme und Schwache aufgenommen, später auch Pestkranke. Erst im 16. Jahrhundert kauften sich im Hofje die *proveniers* ein, die hier ihren Lebensabend verbrachten. Im Turm der kleinen Kirche hängt übrigens die älteste Glocke der Stadt, sie stammt aus dem Jahr 1459.

› Heilige Geestgasthuis/Pelstergasthuis, Pelsterstraat 39–47

⓮ Park Noorderplantsoen ★★ [I A1]

Er ist so beliebt, dass ihm ein eigenes Lied gewidmet wurde, das sogar als inoffizielle Hymne der Stadt gilt und jeden Abend in den Kneipen gesungen wird. Der Inhalt: Warum soll man in den Urlaub fahren, wenn man doch nur das „Gras van het Noorderplantsoen" vermissen würde.

Der Sänger Ralf Poelman hat es auf den Punkt gebracht: Ihm würden die Straßen zwischen dem Turm und dem Westerhaven, die Menschen und Studenten, und vor allem das Gras des Noorderplantsoens fehlen, wenn er nicht mehr in Groningen wäre. So scheinen viele andere auch zu denken, denn das Gras von Noorderplantsoen ist bei schönem Wetter gut bevölkert – mit lernenden Studenten, spielenden Kinder (es gibt hier auch einen Spielplatz), Bücher lesenden Senioren, Freundesgruppen beim Picknick ... Chillen nennt man es heute, Lustwandeln früher, denn der Park wurde bereits 1879 angelegt, als die Groninger Festungswälle nicht mehr benötigt wurden und Platz zur Verfügung stand. Die aufsteigenden Wälle und die mäandernden Gewässer eigneten sich hervorragend für eine Anlage im **englischen Landschaftsstil:** verschlungene Pfade, Teiche, Wiesen und Ausblicke von verschiedenen Höhen machen den Park noch heute zu einem Anziehungspunkt für die Groninger. Sehr gepflegt ist die Grünanlage ebenfalls. Es scheint dem Park nichts weiter auszumachen, dass er jeden August zum Austragungsort des **Noorderzon Performing Arts Festivals** (www.noorderzon.nl, s. S. 8) wird, das 135.000 Besucher anzieht.

Während des elftägigen, kostenlos zugänglichen Festivals kann man Theaterstücke, Auftritte von Musikern, Fotoausstellungen, Performances, Tanzvorführungen u. v. m. bestaunen.

Doch auch außerhalb der Festival-Zeit ist der Noorderplantsoen einen Besuch wert, nicht zuletzt wegen des schönen **Café Zondag** (s. S. 49) in einem Pavillon aus dem Jahr 1930, in dem früher frische Milch ausgeschenkt wurde. Heute bekommt man hier ein gutes Mittagessen und einen Kaffee.

› Grachtstraat 3,
 www.noorderplantsoen.nl,
 ganzjährig geöffnet, Eintritt frei

◁ *Gasthäuser – die Seniorenwohnheime von früher*

Entdeckungen außerhalb des Zentrums

⓯ Menkemaborg ★★

Sie scheint gerade erst aus dem Haus gegangen zu sein, die Familie Menkema. Der Stickrahmen liegt noch am Fenster im Damensalon, der Salatkopf wartet im Steinwaschbecken in der Küche auf Weiterverarbeitung, und die Kinder haben ihre Puppen und Spielsachen – typisch! – auf dem Fußboden des Kinderzimmers liegen gelassen. Willkommen in einem mit Original-Möbeln aus dem 17. und 18. Jahrhundert eingerichteten Kleinod.

Die Menkemaborg steht inmitten der Groninger Landschaft: Ein vom Wassergraben umgebenes Haus, dessen Grundmauern bis auf die Zeit um 1400 zurückdatiert werden können. Damals konnten sich die reichen Adelsfamilien ein **Steinhaus** leisten, in das sie sich bei Gefahr zurückziehen konnten. Es fußte auf einem rechteckigen Grundriss, hatte rund einen Meter dicke Mauern, war von einem Graben umgeben und der Eingang lag im ersten Stock. Man gelangte per Leiter dorthin, die man nach dem Hochgehen wieder wegzog. Kamen Angreifer, dann bewarf man sie mit Steinen.

In friedlichen Zeiten diente das Steinhaus als Getreidelager, denn keine Ratte gelangte hinein. Im Laufe der Jahre wurde die Menkemaborg immer wieder erweitert und zu einem **Sommersitz** ausgebaut – mit einem großen Garten. Rund 200 solcher *borgen* gab es im Groninger Umland, nur noch sechzehn von ihnen sind erhalten, darunter die Menkemaborg. Ihr letzter Bewohner, Freiherr Gerhard Alberda van Menkema, verstarb im Jahr 1902 und die Erben schenkten das Haus dem Groninger Museum ❶. Dadurch konnten das Haus, die Einrichtung und der Garten im Originalzustand bewahrt werden.

Im Gebäudeinneren sind die Zimmer des Erdgeschosses sowie die Küche zu sehen, die mit **Originalmöbeln** aus dem 17. und 18. Jahrhundert aus dem Groninger Umland ausgestattet sind. Man kann das Vorzimmer, den großen Saal, Studier- und Kinderzimmer, Ess- und Herrenzimmer besichtigen. Im Schlafzimmer steht ein beeindruckendes Himmelbett aus feinstem

Groningen entdecken

Damast aus dem 18. Jahrhundert. Nicht der stolze Hausbesitzer schlief darin, sondern dessen Gäste. Man musste ja schließlich zeigen, was man hatte!

Umgeben ist die Borg von einem zauberhaften **Park**, der nach einem Plan aus dem Jahr 1705 wieder hergerichtet wurde. Der Garten ist symmetrisch aufgeteilt, Buchsbaumhecken trennen die einzelnen Bereiche, in denen ein Rosentunnel, ein Lusthof mit Sommerhaus sowie ein Sonnenuhrgarten angelegt wurden.

Zur Menkemaborg gehören auch ein **Restaurant** (im früheren Kutschhaus) und ein **Irrgarten**, für dessen Durchqueren man etwas Zeit mitbringen sollte.

> Menkemaweg 2, Uithuizen, www.menkemaborg.nl/de, geöffnet: März–Okt. Di.–So. 10–17 Uhr, Juli/Aug. tägl. 10–17 Uhr, Okt.–Dez. Di.–So. 10–16 Uhr, Eintritt für Borg und Garten: Erw. 7,50 €, Kinder 6–12 Jahre 2,50 €, nur Garten: Erw. 5 €, Kinder 2 €, Audioguide (deutsch) 1 €

◁ *Menekemaborg: romantisches Kleinod umgeben von Gräben und Gärten*

16 Festung Bourtange ★★★

Umgeben von einem sternförmigen Burggraben mit Zugbrücken und einem Festungswall mit Kanonen liegt ein hübsches Dorf, das ein einziges Freiluftmuseum ist – Soldaten zum Kanonenabfeuern und Marktleute in historischen Kostümen inklusive.

Zugegeben, etwas touristisch ist Bourtange schon, vor allem an einem Sonntag im Sommer oder während des Markts. Doch das Dorf in Grenznähe (nur 2 km von Deutschland entfernt) hat durchaus Charme und vor allem mit Kindern lohnt sich ein Besuch, denn das Abfeuern der Kanonen ist ein Spektakel. Der Zugang zum Dorf ist übrigens kostenlos, der Besuch der einzelnen Museumsgebäude kostet Geld. Man parkt außerhalb des Dorfes auf einem großen Parkplatz und beim Eingang kann man eine Karte für die Museen kaufen. Dann geht man erst ein paar Meter an der Verteidigungsgracht entlang, bis man über eine rote **Zugbrücke** in das Dorf gelangt, wo man sich

◹ *Eintauchen in das Jahr 1742: Festung Bourtange*

auf dem Marktplatz erst einmal einen frischen Hering gönnen kann.

Zur Geschichte: Zwischen 1580 und 1593 wurde die Festung mitten im Moor angelegt, an einer Stelle, an der ein Weg durch die Sumpflandschaft führte. Die anfänglich kleine Festung wurde im Laufe der Jahrzehnte immer weiter ausgebaut und verstärkt, erobert wurde sie nie. In Kriegszeiten diente sie der Verteidigung und wurde dann immer wieder den neuesten Anforderungen entsprechend aufgerüstet. Die letzte große Verstärkung fand im Jahr 1742 statt – und in diesem Zustand ist die Festung heute zu sehen. Denn nachdem Bourtange immer mehr zerfiel und 1851 aufgegeben wurde, begann man, in den 1960er- und 1970er-Jahren die Festung in den Zustand von **1742** zurückzuversetzen, einschließlich aller Gräben, Brücken, Häuser, der Bockwindmühle und der Kanonen. Letztere spielen die Hauptrolle während des sonntäglichen Kanonenschießens (um 15 Uhr). Weitere Events in Bourtange: Vesting Spectaculum an einem Wochenende Mitte August (Markt mit historischen Waren und Vorführungen von Schmieden, Korbflechtern und Musikanten), Herbstmarkt Ende September; Magisch Samhain Ende Oktober sowie Weihnachtsmarkt (Informationen auch in deutscher Sprache siehe Website).

› Vesting (Festung) Bourtange, Willem Lodewijkstraat 44 (Parkplatz gratis), Bourtange, www.bourtange.nl, geöffnet: Feb.–März Mo.–Fr. 9.15–17, Sa./So. 11–16 Uhr, ab April Mo.–Fr. 9.15–17, Sa./So. 10–17 Uhr, Museen (fünf Stück, u. a. Synagoge und Kapitänshaus): Feb.–März Sa./So. 11–16 Uhr, ab April: tägl. 10–17 Uhr, Eintritt: Erw. 8,50 €, Hunde an der Leine erlaubt.

Praktische Reisetipps Groningen

An- und Weiterreise

Mit dem Flugzeug

Groningen hat einen Flughafen – das hört sich erst einmal vielversprechend an. Doch zu den Reisezielen, die vom Flughafen Groningen-Eelde aus angeflogen werden, gehören Touristenhochburgen wie Mallorca, Kreta und Gran Canaria, aber auch London und Danzig. Eine deutsche, österreichische oder Schweizer Stadt wird derzeit nicht angeflogen, dazu müsste man den Flughafen Schiphol bei Amsterdam wählen, der fast 200 Kilometer entfernt liegt. Es gibt jedoch direkte Zugverbindungen vom Flughafen Schiphol nach Groningen mit dem IC (stündlich), die zwei Stunden in Anspruch nehmen. Schiphol wird von fast allen europäischen Städten – auch mit günstigen Anbietern – angeflogen.

› **Flughafen Amsterdam Schiphol**, Evert van de Beekstraat 202, 1118 CP Schiphol, www.schiphol.nl
› **Groningen Airport Eelde**, Machlaan 14A, 9761 TK Eelde, www.groningenairport.nl. Der Flughafen Groningen Eelde liegt circa 15 Kilometer außerhalb von Groningen und ist mit dem Auto über die A28 (Groningen-Assen) sowie mit den Bussen von Qbuzz gut erreichbar. Außerdem gibt es einen Shuttle-Bus (Linie 100) zwischen dem Flughafen und dem Stadtzentrum.

Mit dem Auto

Groningen ist über die A28 von Bremen/Oldenburg aus östlicher Richtung erreichbar, über die A31 aus südlicher Richtung von Essen/Dortmund aus.

Praktische Reisetipps Groningen

Mit dem Zug
Die wohl schönste Anfahrtsvariante nach Groningen erfolgt per Bahn, denn der **prachtvolle Bahnhof aus dem Jahr 1896** beeindruckt mit einer historischen Wartehalle und einem Starbucks-Café zwischen monumentalen Gemäuern. Hier macht das Warten auf den Zug fast schon Spaß! Von Düsseldorf nach Groningen braucht man rund vier Stunden (Umsteigen in Leer), von Hamburg aus gibt es Direktverbindungen. Wer aus Niedersachsen kommt, hat Glück: Er kann mit dem „Niedersachsen-Ticket plus Groningen" nicht nur einen Tag lang in Niedersachsen herumreisen, sondern auch nach Groningen weiterfahren. Die Kosten? 28 € für eine Person, 33 € für zwei Personen. Ist man erst einmal in Groningen angekommen, dann nimmt man die Fußgängerbrücke beim Groninger Museum – und schon ist man in der Innenstadt.
- 1 [I C5] **Bahnhof Groningen**

Mit dem Bus
Flixbus/MeinFernbus fährt von Berlin über Hannover und Osnabrück/Oldenburg nach Groningen, aber auch von Münster aus. Weitere Infos unter https://meinfernbus.de.

Mit dem Boot
- 2 [I E4] **Jachthafen Oosterhaven**, Oosterkade 1001, Tel. 06 11343202, http://jachthavenoosterhaven.nl. Obwohl die Innenstadt nur sieben Gehminuten entfernt ist, erfreut sich der Oosterhaven einer ruhigen Lage im Osten der Stadt. Man gelangt über eine „staande mastroute" dorthin, einen Fahrweg für Segelboote mit einer Mastlänge von über sechs Metern. Im Hafen gibt es gratis WLAN, einen Supermarkt, ein Wassersport-Fachgeschäft und Sanitäranlagen. Der Hafen verfügt über 70 Liegeplätze für Boote mit einem Tiefgang von bis zu vier Metern. Preis: 1,50 € pro Meter und Tag inkl. Wasser, Strom und WLAN.

Autofahren
Die Stadtverwaltung möchte die Autos aus dem Innenstadtkern heraushalten. Daher gibt es eine Reihe von P+R-Plätzen, an denen man sein Gefährt stehenlassen und dann den Bus – kostengünstig – ins Zentrum von Groningen nehmen kann. In der Altstadt von Groningen wird der Bus überflüssig – alle Sehenswürdigkeiten sind einfach und bequem zu Fuß erreichbar, auch der Park Noorderplantsoen ⓮. Beabsichtigt man, weitere Strecken zurücklegen, dann sollte man es wie die Groninger machen: Man schwingt sich aufs Rad (s. S. 61).

Parkhäuser und Tiefgaragen
Groningen ist von Parkgaragen umringt, eine davon befindet sich mitten im Zentrum:
- P3 [I C4] **Parkeergarage Centrum Groningen**, Pelsterstraat 15, geöffnet: tägl. 24 Stunden, Kosten: 2,40 €/Stunde

Im Norden der Innenstadt befindet sich die Parkgarage Ossenmarkt, die aufgrund ihrer die Farbe wechselnden Beleuchtung im spiralförmigen Untergeschoss zu den schönsten Tiefgaragen der Niederlande zählt:
- P4 [I B2] **Parkeergarage Ossenmarkt**, Ossenmarkt 10, geöffnet: Mo.–Sa. 24 Stunden, Kosten: 3 €/Stunde

In der Nähe des Groninger Museums ❶ gibt es folgende Garage:
- P5 [I C4] **Parking Museum Centrum**, Hereepoortenmolendrift 2, geöffnet: tägl. 24 Stunden, Kosten: 3 €/Stunde

Park & Ride

Von den folgenden Park-&-Ride-Plätzen fährt der sog. „Citybus" ins Zentrum von Groningen, die Niederländer nennen einen solchen Platz auch „Transferium". Man parkt gratis und bezahlt für die Busfahrkarte 6 € – hin und zurück für max. 5 Personen:

- **P6** P+R Euroborg/P3,
  Bornholmstraat 37, 600 Plätze
- **P7** P+R Haren/A28, Afslag 38
- **P8** P+R Hoogkerk,
  Peizerweg, Hoogkerk
- **P9** P+R Kardinge, Kardingerplein 1, auch für Wohnmobile geeignet
  (15 Stellplätze)
- **P10** P+R Reitdiep, Friesestraatweg 251, Ecke Friesestraatweg

Parkplätze an der Straße

Wer sich nun gegen einen P+R-Platz und eine Parkgarage entscheidet und denkt, er würde dennoch einen Platz mitten in der Stadt finden, der sollte bedenken: Gratis am Straßenrand zu parken, das gibt es so gut wie gar nicht innerhalb des Grachtenrings. In der Regel muss man am *betaalautomaten* bezahlen – mit EC- oder Kreditkarte, Münzen werden nicht mehr akzeptiert. Die Kosten betragen zwischen 1,90 € und 2,60 € pro Stunde. Vergisst man, ein Ticket zu ziehen, so bezahlt man mindestens 60 € Strafe, parkt man in einer Zone, in der das Parken nicht erlaubt ist, muss man 90 € entrichten.

Barrierefreies Reisen

Im Gegensatz zu vielen anderen niederländischen Städten sind Groningens Fußgängerzonen mit **gleichmäßigen gelben Backsteinen** gepflastert, die gut mit einem Rollstuhl oder Rollator befahren werden können.

Die **Ampeln** sind mit dem gleichen akustischen Signal für blinde oder sehbehinderte Menschen ausgestattet, wie man es auch aus deutschen Städten kennt. Außerdem gibt es ein Blindenleitsystem.

Ein **Behindertenausweis** ermächtigt dazu, auf allen Behindertenplätzen zu parken. Auch in den Parkhäusern gibt es Behindertenplätze, dort wird allerdings der reguläre Tarif verlangt. Weitere Infos zum Thema Behindertenparkplätze gibt es unter https://gemeente.groningen.nl/parken.

- **11** [I C3] **Invalidentoilet (Behindertentoilette) in der Bibliothek**, Oude Boteringestraat 18, geöffnet: Mo.–Fr. 9–18 (Do. bis 20 Uhr), Sa. 10–17, So. 13–17 Uhr (im August So. geschlossen)

Einkaufen

Eine Stadt, in der bereits zwei Straßen zur schönsten Einkaufsstraße der Niederlande gewählt wurden und in der fast täglich Märkte stattfinden, muss sich hinsichtlich ihrer Einkaufsmöglichkeiten nicht verstecken. Die Geschäfte sind vielfältig, die Shoppingzonen groß und einladend.

Schöner shoppen

Die beiden Straßen **Zwanestraat** [I C3] und **Kromme Elleboog** [I B3] wurden 2016 zur schönsten Einkaufsmeile gekürt, die **Folkingestraat** [I C4] war zwei Jahre früher dran. In der schmalen Fußgängerzone, die vom Groninger Museum ❶ zum A-Kerkhof ❸ führt, befinden sich Antiquariate, Delikatessengeschäfte, Läden für Geschenkartikel und Schmuck, Modeboutiquen und ein nordafrikanischer Lebensmittelladen namens „Souk". Der italienische Delikatessladen Ariola wurde 2009 gar

zum besten Geschäft der ganzen Niederlande ernannt.
🛍12 [I C4] **Ariola**, Folkingestraat 54

Günstig einkaufen

Finden Einkaufsbummler in den oben genannten Straßen eher kleine, individuelle Geschäfte, so ist die **Herestraat** [I C3/4] das Einkaufsmekka für diejenigen, die internationale und niederländische Einzelhandelsketten bevorzugen. Man isst Hamburger bei McDonald's, kauft Lipgloss bei Etos, probiert Turnschuhe bei Foot Locker, deckt sich bei Hema günstig mit Schreib- und Haushaltswaren ein und holt sich neue Shirts bei Zara und C&A. Und dann wären natürlich noch die **Märkte** (s. S. 46) in Groningen, auf denen Obst und Gemüse, aber auch Stoffe und Kleidung zu einem unschlagbar günstigen Preis angeboten werden. Außerdem gibt es eine gute Auswahl an Broten, Gebäck und Käse.

Im hohen Preissegment stöbern

Der A-Kerkhof ❸ neben der A-Kerk lockt mit Nespresso-Boutique, Hugo Boss, Tommy Hilfiger, Purdey Mode und Claudia Sträter, in der weiterführenden Brugstraat [I B4] sind dagegen viele Herrenmodengeschäfte beheimatet.

Regionale Produkte

Zu den lokalen Spezialitäten zählen **Groninger Mettwurst** (*metworst*), eine getrocknete Mettwurst, die stark nach Nelken schmeckt, und **Groninger Bier** wie Martinus (s. S. 45), Bax, Goningse Bierbrouwerij (Grunn-Bier), Jotner und Ludina. Letztere holte im Jahr 2015 den zweiten Platz für

Albert Heijn-Filiale in der historischen Korenbeurs (s. S. 17)

EXTRATIPP
... und zwischendrin zum Haareschneiden

Zwischen all den Boutiquen, *winkeltjes* (kleine Geschäfte), Warenhäusern und Geschenke-Shops tummeln sich massenhaft Friseure und Barber-Shops. Dass Letztere im Trend liegen, das zeigen auch andere Städte. Aber Friseure? Wachsen Studentenhaare schneller? Oder ist ein Besuch beim *kapper* (Friseur) als soziales Event zu verstehen? Vermutlich Letzteres. Bei einigen der rund 150 Groninger Friseure werden neben einer neuen Frisur auch Sekt, Cappuccino, Häppchen und gute Musik geboten.

⌃ Beste Einkaufstraße der Niederlande 2016: Zwanestraat [I C3]

Groninger Dialekt

Der Groninger Dialekt ähnelt stark dem Plattdeutschen. Man sagt, dass sich die Groninger und die Norddeutschen grenzüberschreitend prima miteinander in Platt unterhalten können. In manchen Fällen ähneln einige Wörter des Groninger Dialekts mehr dem Deutschen als dem Niederländischen wie beispielsweise keeze (ausgesprochen wie unser „Käse"), der im Niederländischen kaas heißt. Hier ein paar typisch Groninger Wörter:

› *Moi = Hallo und auch Tschüss*
› *Goiedag = Guten Tag!*
› *Grunn = Groningen*
› *Lutje = klein*
› *Voader = Vater*
› *Ik hol van die (ik hou van jou im Niederländischen) = Ich liebe dich*
› *Schier = schön*
› *Hou gaait t? = Wie geht's?*

das beste Bockbier der Niederlande. Zu den stärkeren Alkoholika zählt der **Jenever von Hooghoudt**. Jeden letzten Sonntag im Monat ist dort Tag der offenen Tür und die Brennerei in der Hooghoudtstraat 1 kann besichtigt werden.

●**13 Hooghoudt distillery,**
Hooghoudtstraat 1, www.hooghoudt.nl

In den Restaurants werden **Groninger Senfsuppe** (hergestellt aus Groninger Senf) und „**Eierball**" (u. a. bei Drie Gezusters, s. S. 60) angeboten. Ein Eierball besteht aus einem gekochten Ei, das mit Ragout umhüllt und dann in Panade frittiert wird.

Der Markt ist eine gute Anlaufstelle für alle, die auf der Suche nach regionalen Produkten sind. Dort gibt es auch die bekannten **Drops van Hanze Huis**, die bis vor Kurzem noch in einem eigenen Laden in Groningen, jetzt aber nur noch auf dem Markt verkauft werden. Die salzigen Lakritzstücke stecken in einer hübschen roten Dose oder in kleineren Mengen in einer Packung. Sie sind derart beliebt, dass sie auch in Deutschland und Dänemark verkauft werden – und das seit über 100 Jahren!

Praktische Reisetipps Groningen

Geschäfte mit Groninger Delikatessen

14 [I B3] **Bonbon Atelier Luca**, Grote Kromme Elleboog 12, www.bonbonatelierluca.nl, geöffnet: Di.–Fr. 10.30–18, Sa. 10.30–17 Uhr. Möchte der Holländer ein „bonbon", dann meint er eine Praline. Und die gibt es aus Eigenproduktion im Atelier Luca. Herrliche Schokolade mit Passionsfruchtfüllung und knusprige Pralinen mit weicher Karamellfüllung ... der kleine Laden hat eine große Anziehungskraft!

15 [I D4] **Brouwerij Martinus**, Kostersgang 32–34, www.brouwerijmartinus.nl, geöffnet: Do./Fr. 15.30–24, Sa. 14–24, So. 14–20 Uhr. In dem früheren Gebäude einer Druckerei brodelt heute das Bier in den Gärkesseln. Seit 2015 werden hier Blond, Tripel, Saisonbiere, Braunbier, Pale Ale, Imperial Smoked Porter und ein Bier namens Nuchter gebraut. Letzteres ist nicht etwa ein alkoholfreies Bier, um nüchtern zu bleiben, sondern eine Sorte, die den Charakter der Stadt wiedergeben soll.

16 [I B3] **Droppie**, Astraat 7, http://droppiegroningen.nl, geöffnet: Mo. 13–18, Di.–Fr. 11–18, Sa. 10–17, So. 12–17 Uhr. Ein kleiner Laden mit alten Apothekerschränken, in denen über 300 (!) verschiedene Sorten „drop",

KURZ & KNAPP
Schwarze Versuchung: Drop

Die Holländer essen *drop* (Lakritze) in Mengen, wie sie kein anderes Land der Welt vorweisen kann. Insgesamt 30.000.000 kg gehen pro Jahr über den Ladentisch, das sind 2 Kilo pro Kopf. *Drop* scheint ein solch lebenswichtiges Produkt zu sein, dass es gar in Drogerien verkauft wird – in den unterschiedlichsten Formen wie Autos, Geldmünzen, Schnürsenkeln, Fischen, Häusern etc. und in den unglaublichsten Geschmacksvarianten von süß über salzig bis zu doppelt gesalzen (*dubbelzout* – gewöhnungsbedürftig!). Hergestellt wird *drop* aus dem Saft der Süßholzwurzel, der mit Zucker und Gelatine angereichert wird.

wie die Niederländer Lakritze nennen, präsentiert werden; darunter süße, salzige und zuckerfreie Varianten. Droppie ist aber auch ein guter Anlaufpunkt für Vegetarier, denn hier gibt es Lakritze ohne Gelatine, die mit Gummi arabicum hergestellt werden.

Zwei Kilo Lakritze essen die Niederländer pro Jahr und Kopf

🛍 **17** [I B3] **Groninger Kaasboetiek**, Astraat 5, www.groningerkaasboetiek.nl, geöffnet: Mo. 13–18, Di.–Sa. 9.30–18 Uhr. Köstlicher Bauernkäse *(boerenkaas)*, pur oder mit Brennesseln bzw. Bockshornklee gewürzt, Käse aus den Niederlanden oder dem Ausland, aber auch Wein, Nüsse, Groninger Mettwurst und Groninger Bier – kurzum: Hier gibt es alles, was in Groningen und im Rest der Welt besonders gut schmeckt.

🛍 **18** [I D4] **Kaashandel van der Ley,** Oosterstraat 61–63, www.kaasvanderley.nl, geöffnet: Di.–Fr. 9–18, Sa. 9–17 Uhr. Schon beim Betreten des Ladens, in dem sich die Käselaibe bis zur Decke stapeln, läuft einem das Wasser im Munde zusammen. Gut, dass viele Käsesorten zum Probieren ausliegen. Der Kaashandel verkauft Käse aus der Region wie Groninger Ricotta, Büffelmozzarella und Bauernkäse, aber auch nordholländischen Gouda und Graskäse. Inzwischen ist der Laden eine kleine Berühmtheit, die auch ab und zu von Kamerateams besucht wird.

🛍 **19** [I C3] **Kruidenier Wolters,** Oude Boteringestraat 10, www.kruidenierwoltersonline.nl, geöffnet: Mo. 10.30–18, Di.–Fr. 9.30–18 (Do. bis 20.30), Sa. 9.30–17.30, So. 12.30–17 Uhr. Auf der Suche nach einem Mitbringsel aus Groningen? Wie wäre es mit Knappertjes, Poffert und Knols Koek? Das ist Gebäck aus Groningen; es wird bei Wolters ebenso verkauft wie Groninger Bier, Mettwurst, Erbsensuppe und Senf – eigentlich viel zu schade zum Verschenken ...

🛍 **20** [I C2] **Sama Stads Kovvie Branderij,** Spilsluizen 12, https://espressogroep.nl, geöffnet: Do./Fr. 12.30–17.30, Sa.10–17.30 Uhr. Die Bohnen kommen aus aller Welt, doch geröstet wird der Kaffee an der Groninger Gracht. Und das riecht man schon von Weitem! Der Eigentümer der Kafferösterei ist ein waschechter Italiener und damit Anhänger der dortigen Kaffeekultur. In dem hauseigenen Trommelbrenner werden die Kaffeebohnen gleichmäßig bei relativ niedriger Temperatur geröstet, sodass die Aromen erhalten bleiben. Einfach mal vorbeischauen und einen Espresso probieren!

Märkte

Irgendeinen Markt gibt es in Groningen fast immer. Der Wochenmarkt ist der große Markt mit frischem Obst und Gemüse, der Warenmarkt ist kleiner und es werden Kleidung, Wachstischdecken, Fahnen, Stoffe etc. verkauft.

› **Wochenmarkt** auf dem Grote Markt ❽ und Vismarkt [I C3]: Di., Fr. und Sa. 9–17 Uhr, angeboten werden Gemüse, Obst, Fisch und Blumen
› **Warenmarkt am Mittwoch** (9–17 Uhr) auf dem Vismarkt
› **Warenmarkt am Donnerstag** (10–18 Uhr) auf dem Grote Markt

Praktische Reisetipps Groningen

Kaufhäuser

🔴**21** [I C4] **Hema,** Herestraat 64, www.hema.nl, geöffnet: Mo.–Sa. 9–18 (Do. bis 21), So. 12–17 Uhr. Der Niederländer liebstes Kind, sei es für niedliche Babystrampler aus Bio-Baumwolle, die beliebte Hema-Rauchwurst, wohlschmeckenden Wein, praktische Fahrradlichter und Basiskleidung – alles von Hema ist modern und schön designt und wird zu einem unschlagbar günstigen Preis angeboten.

🔴**22** [I C3] **Topshelf,** Grote Markt 21, www.topshelf.nl, geöffnet: Mo.–Sa. 10–18 (Do. bis 21), So. 12–17 Uhr. In der früheren V&D-Filiale werden internationale Marken aus dem höheren Segment angeboten, u. a. Meynendonckx-Schokolade aus Belgien, farbenfrohe Melli-Mello-Wohnaccessoires aus den Niederlanden, aber auch Sportsachen von Nike, Reebok und Adidas. Tipp: das Café La Place (s. S. 53) im Obergeschoss, wo man von der Dachterrasse einen fantastischen Blick auf den Martinitoren hat.

Küche und Haushalt

🔴**23** [I C2] **De Klomp,** Spilsluizen 8, www.deklomp-groningen.nl, geöffnet: Di.–Sa. 10–17 Uhr. Die gute alte Zeit! Sie riecht nach Kernseife, pfeift aus dem Wasserkessel und fühlt sich an wie Leinentücher. All das und noch viel mehr gibt es bei De Klomp, was der niederländische Name für Holzschuhe ist – und auch die gibt es in diesem nostalgischen Laden an der nördlichen Stadtgracht, in dem man sich gar nicht sattsehen kann an all den schönen Sachen, die schon Oma zu Hause hatte. Abgerechnet wird stilgerecht mit einer alten Registrierkasse.

🔴**24** [I B3] **De Stadsakker,** Oude Kijk in Het Jatstraat 38, www.stadsakker.nl, geöffnet: Di.–Fr. 10–18, Sa. 10–17 Uhr. In einer früheren Jugendstil-Metzgerei mitten in der Stadt wird viel Schönes und Nützliches angeboten: Gartengeräte, Handschuhe, Blumentöpfe und -samen, Vogelhäuser, Holzschuhe und Gummistiefel sowie frisches Gemüse vom Groninger Stadtacker.

🔴**25** [I B3] **Dille & Kamille,** Grote Kromme Elleboog 18–20, www.dille-kamille.nl, geöffnet: Mo.–Sa. 9.30–18 Uhr, So. 12–17 Uhr. Wie Hema (s. links) ist dies eines der Lieblingsgeschäfte der Niederländer und das seit den 1970er-Jahren. Das Konzept ist so einfach wie überzeugend: Alles, was man im Haushalt braucht, bekommt man hier schön designt und günstig, u. a. Küchenkräuter, Backformen, Handseife, Kochlöffel, Kerzen, aber auch Spielsachen, hauptsächlich aus natürlichen Materialien.

Kinder

🔴**26** [I C4] **Toy Toy,** Folkingestraat 11, geöffnet: Mo. 13–18, Di.–Fr. 10–18 (Do. bis 21), Sa. 10–17 Uhr. Vielleicht findet es nicht jedes Kleinkind schick, im weißen Matrosenanzug oder -kleidchen herumzulaufen, doch Mütter und Großmütter werden sich für diesen Laden begeistern, in dem nostalgische Kinderkleidung und Spielsachen verkauft werden, z. B. Puppenwagen aus Korb und Blechkreisel, die man noch aus der eigenen Kindheit kennt. Außerdem gibt es gebrauchte Service und ausrangierte Schulstühle ... Erinnerungen werden wach!

🔴**27** [I C3] **Wijsneus,** Vismarkt 26, www.wijsneus.nl, geöffnet: Mo. 13–18, Di.–Fr. 10–18 (Do. bis 21), Sa. 10–17, So. 13–17 Uhr. „Wijsneus" heißt Naseweis, aber auch ganz brave Kinder und Babys finden hier was zum Anziehen (Größe 44–156), nämlich coole Gummistie-

◁ *Erntefrisches Gemüse aus Holland*

fel, gepunktete Kleider, rosa Badeanzüge und trendy Jeans. Es gibt zudem Kuscheltiere, Rucksäcke, Trinkflaschen und schöne Babydecken von Kidscase.

Mode

🛍 **28** [I D3] **Bess,** Poelestraat 37, www.bess-mode.nl, geöffnet: Mo. 13–17, Di.–Fr. 10–18 (Do. bis 21), Sa. 10.30–17, So. 13–17 Uhr. Ellen Piebess ist mindestens genauso außergewöhnlich wie ihre Modemarke Bess. Mit Stolz präsentiert sie ihre Entwürfe, die neben Kleidungsstücken von Fornarina, SuperTrash, Malene Birger u. a. in einem Altbau präsentiert werden. Praktisch: Wenn ein Lieblingsstück auf Anhieb nicht genau passt, kann es vor Ort im Schneideratelier geändert werden.

🛍 **29** [I B3] **Gaastra,** Oude Kijk in Het Jatstraat 1, www.gaastraproshop.com, geöffnet: Mo. 12–18, Di./Mi. und Sa. 10–18, Do./Fr. 10–21 Uhr. Noch im entferntesten Winkel der Welt erkennt man einen Holländer am Shirt mit großem Gaastra-Aufdruck. Vor allem Wassersportler sind verrückt nach den Windjacken, Bootsschuhen und Fleece-Jacken, die auch außerhalb eines Jachtclubs sehr kleidsam sind. Wer sich stilvoll für den Strand und die Bootstour einkleiden möchte, der ist bei Gaastra genau richtig.

🛍 **30** [I D4] **H. Witting und Sohn,** Oosterstraat 51, www.witting.nu/de, geöffnet: Mo. 13–18, Di.–Fr. 10–18 (Do. bis 21), Sa. 10–17 Uhr. Seit 135 Jahren gibt es dieses Spezialgeschäft für Hüte, die hohen Wandschränke und die Registrierkasse sind stumme Zeitzeugen. Unter dem Motto „Ein Witting-Hut steht dir gut!" können sich männliche und weibliche Kunden den passenden Borsalino, Stetson, Mayser, aber auch Hüte der Eigenmarke Witting aussuchen.

Geschenke und Wohnaccessoires

🛍 **31** [I C3] **Laif & Nuver,** Vismarkt 40, www.laifennuver.nl, geöffnet: Mo. 13–18, Di.–Fr. 10–18 (Do. bis 21), Sa. 10–17.30, So. 12–17 Uhr. Die Niederländer haben äußerst kreative und geschmackvolle Deko-Ideen, einige davon sind bei Laif & Nuver zu finden. Fotoprint-Kissen werden beispielsweise kombiniert mit Boxhandschuhen und historischen Insekten-Postern. Viele Inspirationen für das eigene Zuhause!

🛍 **32** [I C4] **Lily & Rose,** Folkingestraat 7, www.lilyandrose.nl, geöffnet: Mo. 13–18, Di.–Fr. 10–18 (Do. bis 21), Sa. 10–17 Uhr. Man muss den Geruch von Duftkerzen mögen, wenn man diesen bunten Laden in der Folkingestraat betritt, in dem eine Mischung aus Kosmetik, Geschirr, Duftkerzen, Kissen und Geschenken angeboten wird.

Bücher und Zeitschriften

🛍 **33** [I C2] **Boekhandel (Buchhandlung) Godert Walter,** Oude Ebbingestraat 53, www.godertwalter.nl, geöffnet: Mo. 13–18, Di.–Fr. 10–18, Sa. 10–17 Uhr. Seit über 75 Jahren gibt es diese traditionsreiche Buchhandlung im Herzen von Groningen, die sich auf Belletristik,

◁ *Modisches in historischem Ambiente: Bess*

Wissenschaft, Geschichte und Philosophie spezialisiert und auch viele Werke in deutscher und englischer Sprache vorrätig hat. Ideal für die Urlaubslektüre! Und das Beste ist: Die deutschsprachigen Bücher kosten nicht mehr als zu Hause.

Essen und Trinken

Regionale Küche

🕦34 [I D3] **'t Feithhuis** €€, Martinikerkhof 10, Tel. 050 3135335, www.restaurantfeithhuis.nl, geöffnet: tägl. 10.30–23 Uhr. Das historische Gebäude war im Lauf seiner Geschichte Pfarrhaus, Provinzverwaltungsgebäude, Zuhause eines Theologie-Professors und später der Familie Feith, die dem Haus auch seinen Namen gab. Heute beherbergt es ein Restaurant-Café, in dem Kaffee, Kuchen und Lunch ebenso serviert werden wie ein ausgiebiges Abendessen. Im Garten gibt's was zum Staunen, denn dort steht ein Schweizer Alpen-Chalet aus dunklem Holz.

⊖35 [I A1] **Café Zondag Noorderplantsoen** €€, Kruissingel 1, Tel. 050 3123537, www.zondagnoorderplantsoen.nl, geöffnet: tägl. 11–22 Uhr, Küche bis 20.30 Uhr. Im Jahr 1927 entwarf Stadtbaumeister Bouma diesen runden Pavillon mit geometrischen Formen auf dem Dach, der dank der Fensterfront viel Licht hineinlässt und einen Blick auf den Stadtparkteich bietet. Draußen sitzen die Gäste herrlich im Grünen – der ideale Platz für einen sonnigen Nachmittag. Auf der Karte stehen mittags belegte Brote, u. a. mit Makrelensalat, und abends Entrecote, Seebarsch und vegetarische Quiche.

🕦36 [I C3] **De Kostery** €€, Martinikerkhof 2, Tel. 050 3141978, http://dekostery.nl, geöffnet: tägl. ab 9 Uhr. Fantastische Lage zu Füßen des Martinitoren mit Terrasse am Grote Markt – ideal für eine Pause während des Stadtbummels und zur Stärkung vor dem Aufstieg auf den Martinitoren. Es gibt Snacks und Kuchen.

🕦37 [I C3] **Goudkantoor** €€, Waagplein 1, Tel. 050 5891888, www.goudkantoor.nl, geöffnet: Di.–Sa. 10–22, Mo. 12–22, So. 10–18 Uhr. Fast 400 Jahre ist das monumentale Gebäude alt. Wo früher Gold und Silber geschätzt wurden, kann man heute selbst Hüftgold ansetzen, denn ein Entenbrustfilet vom Bauernhof mit Orangenglacé in solch einem prachtvollen Renaissance-Ambiente ist nicht zu verachten.

🕦38 [I C4] **Huis de Beurs** €, Akerkhof 4, http://huisdebeurs.nl, Tel. 050 3120333, geöffnet: tägl. 9–22 Uhr. Urgemütliches Restaurant in einem Alt-

△ *Kaffeepause in De Kostery zu Füßen des Martinitoren*

> **Preiskategorien Restaurants**
> Preise für ein Hauptgericht ohne Getränke:
> € bis 15 €
> €€ 15–20 €
> €€€ 20–25 €
> €€€€ ab 25 €

bau gegenüber der Korenbeurs (daher auch der Name). Draußen gibt es eine schmale Terrasse, drinnen Messinglüster, dunkle Holztische, altertümliche Lederstühle, rote Kerzen auf dem Tisch und – das Schönste – am Abend Livepianomusik. Zum nostalgischen Ambiente passen Groninger Senfsuppe mit Speck und Schnitzel (das heißt auch im Niederländischen so) mit gebratenen Champignons.

39 [I C3] **Land van Kokanje** €€, Oude Boteringestraat 9, Tel. 050 3180622, www.landvankokanje.nl, geöffnet: Mo.–Sa. ab 11 Uhr. Der Name des Restaurants bedeutet soviel wie Schlaraffenland. Und darunter versteht man in diesem gepflegten Jugendstilgebäude: Champagner, Carpaccio, Lachs, Gambas und Entrecote. Die Preise für ein Hauptgericht sind für niederländische Verhältnisse akzeptabel und betragen rund 20 Euro. Das schöne Ambiente ist es wert.

40 [I D4] **WEEVA** €€, Gedempte Zuiderdiep 8–10, Tel. 050 5886555, www.weeva.nl, geöffnet: Mo.–Fr. ab 17, Sa./So. ab 12 Uhr. Das Restaurant kann auf eine lange Tradition bis ins Jahr 1871 zurückblicken. Damals wurde hier die Groninger Volksküche eröffnet, in der preisgünstige Erbsen- und Rinderbrühe gereicht wurden; später kam ein Schlafsaal hinzu. Der Name Weeva – Woon- En Eethuis Voor Allen (Wohn- und Esshaus für alle) – etablierte sich. Heute ist nur noch der Name geblieben. Man isst stilvoll an Bistrotischen und lässt sich Waldorfsalat und Schnitzel schmecken (die Nähe Groningens zu Deutschland ist spürbar!)

International

41 [I C2] **Bistro 't Gerecht** €€€, Oude Boteringestraat 43, http://bistrohetgerecht.nl, Tel. 050 3181222, geöffnet: Mo.–Sa. 18–22 Uhr. Das vom Michelin-Führer mit einem Stern ausgezeichnete Bistro ist für seine gehobene französisch-mediterrane Küche bekannt, die auch ein Bib-Gourmand-Menü anbietet (hohe Qualität zum bezahlbaren Preis). Weiterhin verlieh der Gault-Millau der Küche unter Leitung von Henrice Dijks 13 Punkte. Klassiker: frischer Hummer aus dem eigenen Homarium und im Herbst und Winter Wildgerichte. Einladende Terrasse im Innenhof.

42 [I C1] **De Oude Gasfabriek** €€, Langestraat 66, www.deoudegasfabriek.nl, geöffnet: Mo.–Mi. 16–23, Do. und So. 11.30–23, Fr./Sa. 11.30–24 Uhr. Das Ebbingekwartier ist im Aufwärtstrend und die Oude Gasfabriek ist es ebenso. Das Restaurant befindet sich in einer ehemaligen Gasfabrik aus dem Jahr 1854, in der Gas aus Steinkohle produziert wurde. Die industrielle Atmosphäre ist erhalten geblieben und heute kommen die meisten Besucher wegen der hervorragenden Fleisch- und Fischgerichte mit mediterranem Touch, die sanft gegart werden. Umfangreich und kreativ ist auch die vegetarische Speisekarte.

43 [I B3] **De Uurwerker** €, Uurwerkersplein 1, www.uurwerker.nl, geöffnet: Mo. 12–23, Di. 10–23, Mi./Do. 10–24, Fr. 10–1, Sa. 12–1, So. 12–21.30 Uhr. Ist das ein Arbeitsplatz für Freelancer, ein Studienraum für Studenten oder ein Res-

▷ *Nach dem Essen ins Kino oder an den Strand: DOT*

Praktische Reisetipps Groningen 51

taurant? De Uurwerker verbindet alles, denn man kann sich hier zum Lesen, Lernen, Arbeiten und Essen niederlassen – im Sommer auch draußen auf der großen Terrasse im Hof. Auf der Karte stehen Speisen wie belegte Brote, Salate, Pizzen, aber auch Poke Bowl, Steaks und Tajine-Gerichte. Selbstbedienung.

🚇**44** [I C1] **DOT** €, Vrydemalaan 2, Tel. 050 2112514, www.dotgroningen.nl, geöffnet: tägl. ab 11 Uhr. Ein eigenes Kino und einen eigenen Strand hat nicht jedes Restaurant. DOT ist jedoch auch in Bezug auf das Essen (interessante Karte mit internationalen Gerichten) ein Anziehungspunkt. Schon von Weitem fällt das eigenartige Gebäude mit dem kugelförmigen Dach auf. Früher war dies ein 3D-Kino, heute werden mittwochs Klassiker wie Star Wars im halbkreisförmigen Kinosaal über dem Restaurant gezeigt. Schöne Terrasse mit Stadtstrand, draußen Selbstbedienung.

› **The Pool** €€, Boterdiep 9, http://thepoolrestaurant.com, geöffnet: Mo.–Do. 7–22, Fr./Sa. 7–23, So. 8–22 Uhr. Eine angesagte Atmosphäre und eine gute Küche zeichnen das Restaurant aus, das im Erdgeschoss des Student Hotels (s. S. 65) untergebracht ist. Es gibt kleine Gerichte wie Gado-Gado-Salat, Thai-Beef, Roti (surinamisches Gericht), Hummus etc., aber auch Pizza. Die Idee ist, mehrere Speisen zu bestellen und dann zu teilen. Auch ideal als

EXTRATIPP

Mr. Mofongo

Wenn jemand eine Reise tut, so kann er was erzählen ... und Patrick Beijk hat sehr viel zu erzählen. Die Geschichte geht so: Als Fotograf und Gastronom traf er auf St. Lucia einen Südamerikaner namens Mr. Mofongo, mit dem er einen über den Durst trank und der ihn sehr inspirierte. Wieder zurück in Groningen eröffnete Patrick eine Mr. Mofongo gewidmete Kombination aus Restaurant, Kneipe, Cocktail-, Snack- und Weinbar. Über mehrere Stockwerke verteilt gibt es gemütliche Räume und Nischen. Sehr beeindruckend ist die Cocktailbar mit verschiedenen selbstgebrannten Spirituosen, die sich in Glasbehältern sieben Meter hoch an der Wand stapeln. Über einen Greifarm werden dort die Zutaten automatisch für diverse Cocktails gezapft. Mr. Mofongo war wohl ein Technikfreak, denn im Restaurant gibt es eine elektrische Weinzapfanlage, eine Weinglasdrehmaschine und eine rotierende Kräuterbank. Alles schwer zu erklären, am besten selbst vorbeischauen! Es lohnt sich auch in Hinblick auf die gute Küche mit – wie sollte es bei diesen Weltenbummlern auch anders sein – Gerichten aus aller Welt.

🚇**46** [I C3] **Mr. Mofongo** €€, Oude Boteringestraat 26, www.mofongo.nl, geöffnet: tägl. ab 11 Uhr

Anlaufstelle fürs Frühstück oder einen Cocktail am Abend.

45 [I C4] **Wadapartja** €, Gedempte Zuiderdiep 39–41, http://wadapartja.nl, geöffnet: Mo. 11–18, Di./Mi. 9–18, Do./Fr. 9–22, Sa. 10–22, So. 11–20 Uhr. Wadapartja lässt sich übersetzen mit „etwas seltsam, ja" – und das ist dieses Konzept auch, denn man kann hier essen, trinken, einkaufen und an Workshops teilnehmen. Auf der Karte stehen internationale Gerichte wie Burrito, Pasta Gamba, Pizza, Bulgur-Salat und Gemüse-Burger. Was die Einrichtung betrifft: Alles im Restaurant ist käuflich – von der Serviette bis zur Lampe.

Cafés

Vorsicht Verwechslungsgefahr: Unter einem *café* versteht ein Niederländer eine Kneipe. Es folgen Cafés, wie wir sie kennen.

47 [I B4] **Bakkerij Blanche**, Brugstraat 28, http://bakkerijblanche.nl, geöffnet: Mo.–Fr. 8–17, Sa./So. 8.30–17 Uhr. Ein hoher, lichtdurchfluteter Raum, nachhaltig eingerichtet mit Marmor, Kupfer, Stahl und Beton: Im Lunchroom der Bäckerei Blanche hält man sich einfach gerne auf, zumal die Croissants, Sandwiches, Salate und süßen Teilchen herrlich schmecken.

48 [I C2] **Katzencafé Op z'n Kop**, Oude Ebbingestraat 57, http://opznkop.nl, geöffnet: Mo. 12–19, Di.–Sa. 10–19, So. 11–19 Uhr. Im Katzencafé haben zehn Katzen aus dem Tierheim ein neues Zuhause gefunden. Zwischen ihnen können Gäste einen Kaffee trinken, einen High Tea genießen oder abends an einer Yoga-Stunde teilnehmen. Bitte beachten: Ins Katzencafé dürfen maximal zwei Kinder gleichzeitig, möglichst mit einem Mindestalter von 8 Jahren.

49 [I C5] **TOET**, Ubbo Emmiussingel 19, www.toet.nu, geöffnet: So./Mo. 12–17.30, Di.–Sa. 10–17.30 Uhr. Im TOETjesparadijs gibt es mehr als das, was die Niederländer unter einem *toetje*, einem Nachtisch verstehen. Es werden selbstgebackene Kuchen und Torten (gluten-, laktose- und zuckerfrei sowie vegan) sowie herzhafte Backwaren angeboten. Aufgrund der Nähe zum Groninger Museum ideal für eine künstlerische Pause.

50 [I C4] **TOET Pannekoek**, Gedempte Zuiderdiep 85, www.toet.nu, So./Mo. 12–17.30, Di.–Sa. 10–17.30 Uhr. Das TOET Pannekoek liegt nur ein paar Meter vom TOET Café entfernt. Die Köche haben sich auf *pannekoek* (Pfannkuchen) spezialisiert. Jeder Pfannkuchen wird frisch zubereitet – mit Blaubeeren und Sahne; mit Apfel, Zimt und Rosinen; mit Speck und Käse; oder ganz ausgefallen nach iranischem Rezept mit Aubergine, Tomate und Minzjoghurt.

◁ *Im Pfannkuchen-Paradies: Café TOET Pannekoek*

Praktische Reisetipps Groningen

Lecker vegetarisch

❷51 [I B2] **Bla Bla** €€, Nieuwe Boteringestraat 9, Tel. 050 3132088, www.blabla.nl/groningen.html, geöffnet: Di.-So. 17.30-21 Uhr. Zwischen Innenstadt und Noorderplantsoen befindet sich das kleine Restaurant, in dem Vegetarier und Veganer viel Auswahl finden, vor allem aus der mediterranen, arabischen und indischen Küche.

❷52 [I B3] **Brussels Lof** €€€, Akerkstraat 24, Tel. 050 3127603, www.brusselslof.com, geöffnet: Di.-Sa. 17.30-21.30 Uhr. Fisch oder vegetarisch, pur und frisch, möglichst biologisch und aus der Region – das kennzeichnet dieses feine, alteingesessene Restaurant.

Dinner for one

› **Huis de Beurs**: gemütliches Restaurant mit Klaviermusik ab 17 Uhr (s. S. 49)
› **The Pool**: Restaurant des Student Hotels (s. S. 65)

Für den späten Hunger

❶53 [I D3] **Big Snack Hoek** €, Grote Markt 34, www.bigsnack.nl, geöffnet: Mo.-Di. 12-3, Mi. 12-5, Do./Fr. 12-6, Sa. 11-7, So. 13-23 Uhr. Keine kulinarischen Höhenflüge, eher etwas zum Magenfüllen gibt es bei Big Snack, für die ganz Eiligen auch aus Wärmebehältern in der Wand.

Für den schnellen Snack

❶54 [I C4] **Frietwinkel Groningen** €, Folkingestraat 69, www.frietwinkelgroningen.nl, geöffnet: tägl. 11.30-20.30 Uhr. In der Pommesbude gibt es Bio-Pommes mit Suchtfaktor, ganz frisch zubereitet. Dazu kann man sich einen Rinderschmortopf nach Großmutters Rezept bestellen.

Lokale mit guter Aussicht

› **Blick auf den Stadtstrand:** DOT (s. S. 51)
› **Mitten im Grünen:** Café Zondag im Noorderplantsoen (s. S. 49)

Aussicht auf den Martinitoren ❾ bieten zwei Restaurants mit Dachterrassen:

› **La Place** €, Grote Markt 21 (im Kaufhaus Topshelf), geöffnet: Mo.-Fr. 10-20 (Do. bis 21), Sa. 10-18, So. 12-17 Uhr. Herrlicher Blick von der Dachterrasse im vierten Stock: auf Martinitoren und A-Kerk sowie die Dächer der Stadt. Es gibt zwei Wege zur Dachterrasse: entweder mit der Rolltreppe durch das Kaufhaus Topshelf oder direkt mit dem Aufzug (Zugang Oude Ebbingestraat). Täglich frisch und hausgemacht lautet das Konzept von La Place; angeboten werden Salate, belegte Brote, Suppen, Kuchen – alles, was man tagsüber gerne mal zwischendurch isst.

❶55 [I D3] **Va Piano** €€, Poelestraat 16-18, https://nl.vapiano.com, geöffnet: tägl. 10-24 Uhr. Pizza, Pasta, Bruschetta mit fantastischem Blick auf den „alten Grauen". Das Va-Piano-Konzept kennt man aus anderen Städten, doch die neue, 1.300 m² Dependance in der Ausgehmeile Poelestraat ist nicht nur riesig, sondern mit der fantastischen Dachterrasse auch noch ein echter Lieblingsplatz.

Raucher willkommen

In der Stadt, die die erste rauchfreie Stadt des Landes werden will, gibt es keine Raucherkneipe. Die vielen Restaurant- und Kneipenterrassen bieten aber einen – im Winter beheizten – Platz zum Rauchen im Freien. Im Labyrinth des gigantischen Kneipenkomplexes der Drie Gezusters (s. S. 60) gibt es einen kleinen Raucherraum.

Informationsstellen

Infostellen in der Stadt
56 [I C3] **VVV (Fremdenverkehrsbüro) Groningen,** Grote Markt 29, https://toerisme.groningen.nl, Tel. 0900 2023050, geöffnet: Mo. 12–18, Di.–Fr. 9.30–18, Sa. 10–17, So. 12–16 Uhr. Sehr zentral auf dem Grote Markt, zu Füßen der Martinikirche steht das kubusartige, freistehende Gebäude des VVV, in dem die Touristeninformation vorübergehend ihren Sitz hat. Im Jahr 2019 wird sie in das riesige, architektonisch interessante Gebäude namens Forum umziehen, das derzeit im Bau ist. Was finden Touristen beim VVV? Die Eintrittsmünze für den Martinitoren **9**, Groningen-Souvenirs, Broschüren, Stadtpläne und eine Buchungsmöglichkeit für Stadtführungen.

Die Stadt im Internet
› http://toerisme.groningen.nl/de: sehr umfangreiches Internetangebot von Marketing Groningen, das über alle wichtigen Themen informiert: Hotels, Restaurants, Sehenswürdigkeiten, Ausgehadressen, Veranstaltungen. Interessant ist auch der Blogbereich, in dem etwas detaillierter über besondere Events geschrieben wird, z. B. über das MultiCulinair Food Festival.
› http://uit.groningen.nl: „Uit" steht als Abkürzung für „uitgaan" (ausgehen). Auf der Website werden alle Veranstaltungen – nach Datum und Genre geordnet – aufgelistet. Zwar gibt es die Website nur in niederländischer Sprache, aber sie ist so übersichtlich aufgebaut, dass sie auch ohne Sprachkenntnisse zu entziffern ist. Tipp: Jeden Freitagmittag ab 12 Uhr werden Tickets fürs Wochenende im Webshop für die Hälfte des Preises angeboten.
› **Groningen Online-Magazine** (http://marketing.groningen.online-magazine.nl/de): schön bebildertes und multimedial aufbereitetes Online-Magazin über die wichtigsten Sehenswürdigkeiten und Events in Groningen (auf Deutsch).

Publikationen und Medien
› Der VVV Groningen hält in seiner Infostelle am Grote Markt (siehe links) auch einige **Themenbroschüren in deutscher Sprache** bereit, teilweise gratis, teilweise gegen einen kleinen Unkostenbeitrag. So gibt es beispielsweise den „Hanse-Rundgang" (1,50 €).
› **Groningen. Alles über Stadt und Provinz Groningen.** Interessantes Hochglanzmagazin, herausgegeben von Groningen Marketing in deutscher Sprache. Erhältlich beim VVV für 2,95 €.
› **Gratis-Stadtführer,** herausgegeben und erhältlich beim VVV Groningen. Heftchen mit Tipps zu u. a. Shopping und Restaurants.
› **CityMap made by Groningers.** Stadtplan mit englischsprachigen Erläuterungen und Insider-Tipps von Groningern, erhältlich in einigen Hotels wie dem Student Hotel (s. S. 65).

Smartphone-Apps
› **Grenzland Festungsland:** Die App berichtet über die wichtigsten historischen Ereignisse und Orte im deutsch-niederländischen Grenzgebiet. Im Fall Groningen wird – in deutscher Sprache – über die Befestigung der Stadt seit 1150 und u. a. über das Katastrophenjahr 1672 berichtet, in dem der Fürstbischof von Münster („Bomben-Bernd") die Stadt wochenlang unter Beschuss nahm (kostenlos für iOS und Android).
› **9292:** Die kostenlose App 9292 sollte auf keinem Smartphone fehlen, denn sie beschreibt den Weg von A nach B: Ob man Bus, Straßenbahn oder Zug nehmen soll und wie lange man zu Fuß weitergehen muss, um ans Ziel zu gelangen (einschließlich Kostenangaben für den

öffentlichen Nahverkehr). Die App gibt es gratis, in niederländischer und englischer Sprache (für iOS und Android).
> **NS Reisplanner Xtra:** Wer in den Niederlanden oft mit dem Zug unterwegs ist, sollte sich den Reiseplaner der Eisenbahngesellschaft NS *(Nationale Spoorwegen)* herunterladen. Die englischsprachige App fragt nach dem Start- und dem Zielbahnhof des Nutzers und gibt dann alle Zugverbindungen an, inklusive der Fahrtzeit, des Preises, des zu erwartenden Andrangs und einer eventuellen Zugverspätung (kostenlos für Android und iOS).

Internet

In fast allen Restaurants, Hotels und Cafés in Groningen wird ein kostenloser Internetzugang angeboten; das gleiche gilt für die niederländischen Züge.

Kunst und Museen

Groningen und Kunst – das gehört zusammen. Nicht umsonst finden in der Stadt große Kulturfestivals wie Noorderzon (s. S. 8) und Noorderlicht (s. S. 57) statt. Außerdem gibt es eine Reihe von Museen sowie über 400 Kunstwerke im öffentlichen Raum. Mit der Academie Minerva, die zur Groninger Hanzehogeschool gehört, ist für ausreichend Nachschub auf dem Gebiet junger Künstler gesorgt.

Museen

57 [I D3] **GRID Grafisch Museum**, Sint Jansstraat 2, www.gridgroningen.nl, geöffnet: Di.–So. 10–17 Uhr, Eintritt: Erw. 7,50 €, Kinder 3 €. Wer sich für die Themen Buchdruck und Buchbinden, für historische Dampfdruckpressen und moderne Risographen interessiert,

Meine Literaturtipps

> *Alexander Bastek, Elise van Ditmars und Tilmann von Stockhausen:* **Niederländische Moderne. Die Sammlung Veendorp aus Groningen,** *Michael Imhof Verlag, 2015. Der Groninger Architekt und Ziegelfabrikant Reurt Jan Veendorp (1905–1983) trug eine eindrucksvolle Kunstsammlung zusammen, die er dem Groninger Museum* ❶ *schenkte. Das Buch beschreibt die Werke, u. a. von Isaac Israels, Johan Barthold Jongkind und Jacob Maris.*
> *Hermans, Willem Fr.:* **Unter Professoren,** *Aufbau-Verlag 2016. Ein vergnügliches Buch über Missgunst unter Kollegen, Hinterhältigkeiten und heimliche Begierden an einer niederländischen Universität im Norden.*
> *Barbara Reeh:* **Unter Professorendamen. Ein Universitätsroman über Gastarbeiter, Karrieren und Intrigen,** *Books on Demand GmbH, Norderstedt 2012. Realistisches Werk mit allen klassischen Elementen eines Campus-Romans, das auf wahren Begebenheiten an der Universität Groningen zwischen 1987 bis 2002 basiert.*
> *N. Werkman (1882–1945):* **Leben & Werk,** *Michael Imhof Verlag, 2015. Vor allem im Grafisch Museum Groningen (das Buch ist auch dort erhältlich) begegnet man der Kunst Werkmans, der aus Groningen stammte und einen internationalen Ruf in den Bereichen Typografie, Grafik und Drucktechnik genoss. Am 10. April 1945 wurde er von den deutschen Besatzern erschossen.*

ist hier genau richtig. Es ist kaum mehr vorstellbar, wie mühsam es früher war, die einzelnen Buchstaben (von rechts nach links und von unten nach oben) zu setzen. Engagierte Anhänger der alten Buchdruckkunst geben gerne Auskunft und erklären die Maschinen. Ein weiterer Bereich widmet sich dem Groninger Drucker-Künstler Hendrik Nicolaas Werkman.

❶ [I C5] **Groninger Museum:** *das* Highlight unter den Museen der Stadt. Nicht nur die Ausstellungen gehören zum Besten, was das Land zu bieten hat, sondern auch das Gebäude ist ein kunstvoller Hingucker (s. S. 21).

58 [I A4] **Nederlands Stripmuseum,** Westerhaven 71, www.stripmuseum.nl, geöffnet: Di.–Fr. 12.30–17, Sa./So. 10–17 Uhr, Eintritt: Erw. 8,95 €, Kinder 3–11 Jahre 7,50. Mit der Kunst des Ausziehens im Sinne von Striptease hat dieses Museum nichts am Hut. Strip ist Niederländisch für Comic, und genau das gibt es im Stripmuseum zu sehen, u. a. Suske und Wiske sowie Donald Duck.

❹ [I B4] **Schifffahrtsmuseum des Nordens:** Groningen gehörte früher der Hanse an und die Schifffahrt spielte seit jeher eine zentrale Rolle in der Stadt. Alles rund ums Schiff wird in diesem sympathischen Museum ausgestellt (s. S. 24).

❻ [I B3] **Universitätsmuseum:** ein Museum über den Menschen, die Natur und die Wissenschaft und über die Instrumente, mit denen man alles zu vermessen, festzuhalten und zu bewerten versuchte (s. S. 27).

Kunstgalerien

59 **Ann's Art,** Laan Corpus Den Hoorn 100, www.annsart.nl, geöffnet: Di.–Sa. 10–17 Uhr. Rund acht Ausstellungen im Jahr organisiert diese Galerie, weiterhin hat sie sich auf Kunstleihgaben spezialisiert. So können sich u. a. Unternehmen bei Ann's Art ein Porträt, eine Skulptur, Fotografien oder Gemälde für ihr Bürogebäude ausleihen.

Ganz in Weiß: der Starck-Pavillon im Groninger Museum ❶

Noorderlicht (s. S. 57) zeigt Fotos mit Geschichten

Praktische Reisetipps Groningen

60 [I D2] **Kunstlievend Genootschap Pictura**, St. Walburgstraat 1, Tel. 050 3122953, www.pictura-groningen.nl, geöffnet: Mi.–So. 13–17 Uhr. Die kunstliebende Gesellschaft Picture ist die älteste Galerie Groningens (gegründet 1832). Zu den ausgestellten Künstlern zählten Berühmtheiten wie Jan Toorop, Karel Appel, H. P. Berlage, Corneille, M. C. Escher, Le Fauconnier, Hendrik Willem Mesdag, Piet Mondriaan, Rembrandt van Rijn und Vincent van Gogh.

61 [I B4] **Noorderlicht Photogallery**, Akerkhof 12, www.noorderlicht.com, geöffnet: Mi.–So. 12–18 Uhr, Eintritt frei. Hervorgegangen aus einem Podium für Dokumentarfotografie, hat sich Noorderlicht auch anderen fotografischen Richtungen geöffnet. Wichtig ist aber, dass der „Fotograf eine gute Geschichte erzählen kann". In dem Gebäude neben der A-Kerk finden regelmäßig Wechselausstellungen statt, außerdem Diskussionsrunden, Lesungen und Meisterklassen. Noorderlicht veranstaltet auch das jährliche Noorderlicht Fotofestival (s. S. 9) mit einem zentralen Thema; Hauptaustragungsort ist die benachbarte A-Kerk.

Kunst unter freiem Himmel

Rund **400 Kunstwerke** sind im öffentlichen Raum in Groningen zu sehen, darunter die überdimensionale Frauen-Skulptur „**Ultra**" von Silvia B. am Emmasingel 1 [I B5], die auf den ersten Blick die Schönheitsideale unserer Zeit verkörpert, jedoch bei genauerem Hinsehen eine „Anti-Schönheit" ist.

In der **Folkingestraat** [I C4] gibt es gleich mehrere Kunstwerke, die sich mit dem Thema der Judenverfolgung beschäftigen: Das „Portaal" (Hausnummer 67) ist eine Tür, die zugemauert wurde (hinter ihr ist die Geschichte der Straße verborgen) oder das Pferde-Relief (Hausnummer 23) am Haus eines früheren jüdischen Pferdemetzgers sowie der Schriftzug „weggehaald" (weggeholt) am Haus Nummer 9. Für die Auswahl der Kunstwerke ist unter anderem das CBK Groningen verantwortlich:

› **Centrum Beeldende Kunst Groningen (CBK Groningen)**, Trompsingel 27, Groningen, http://cbkgroningen.nl

Wer mit dem Boot durch Groningen fährt, entdeckt beim Öffnen der **Brücken** Kunstwerke an den Mauern oder an der Brückenunterseite. Letzteres bei der Brücke am Groninger Museum ❶, die nach oben geklappt wird, sobald ein Boot hindurchfahren möchte. Unter der Brücke sieht man aufgeklebte Fliesendrucke in Delfter Blau, die „Kinderspiele" zeigen und vom belgischen Künstler Wim Delvoye stammen. Eine Bootstour durch die Stadt – und unter den Brücken mit den Kunstwerken hindurch – ist bei der Reederei Kool buchbar (s. S. 62).

Mit Kindern unterwegs

Mit Kindern geht man in den Niederlanden sehr entspannt um. Wutanfall im Supermarkt, umgekipptes Glas im Restaurant, erste Fahrradversuche auf dem Gehsteig – kein Problem. Restaurants haben in der Regel Kinderstühle und Kinderessen, die Toiletten einen Wickeltisch und die Museen bieten Kinderaktivitäten. Eltern von **Babys** und Kleinkindern sind im Kräutergarten des Prinsentuins ❿ gut aufgehoben, in dem sich die Erwachsenen einen Kaffee oder Tee am Kiosk holen können, während die Kleinen im Gras krabbeln. **Kinder zwischen 4 und 6 Jahren** dürften sich für einen Besuch des Schifffahrtsmuseums ❹ begeistern, in dem es Schiffsmodelle zu bestaunen und ein Quiz zu lösen gibt. Danach gibt's eine Überraschung!

Spielplätze und Kinderbauernhöfe
- **63 Kinderboerderij (Kinderbauernhof) De Beestenborg**, Akeleiweg 69, Tel. 050 5423692, http://debeestenborg.webnode.nl, geöffnet: Mo.–Fr. 9–17, Sa./So. 10–17 Uhr. Bauernhof mit Ziegen, Schafen, Esel, Ponys, Schweinen etc., außerdem ein Spielplatz zum Herumtoben.
- **64 Stadtpark (Stadspark)**, Concourslaan 1, geöffnet: ganzjährig. Spielplatz und Kinderbauernhof mit Hühnern, Ziegen, Kaninchen, Eseln sowie Wildgehege und Pony-Reitstall. Kutschfahrten durch den Park werden ebenfalls angeboten.

Indoor-Spielplätze
- **65 Ballorig**, Bieskemaar 1, Tel. 050 5496715, www.ballorig.nl/groningen, geöffnet: Mo.–Fr. 9–18, Sa./So. 10–18 Uhr, Eintritt: Kinder 1–12 Jahre 7,50 €, Eltern und Begleiter gratis. Viel Plastik, viel Farbe, viel Abwechslung: spielen, klettern, rutschen, hüpfen, toben, kriechen – klasse für Regentage!
- **66 Monkey Town**, Peizerweg 74, Tel. 050 2305533, www.monkeytown.eu/groningen, geöffnet: tägl. 10–18 Uhr, Eintritt: 7,50 € Kinder, Erwachsene gratis, von Mo. bis Fr. bei Ankunft vor 11.30 Uhr Kinder bis 4 Jahre 4,50 €. Indoor-Spielplatz mit Kletter- und Spielgeräten, Bällebecken für die Kleinen und Video-Rennspiele für die Großen.

Außerhalb von Groningen
- **67 Mais-Irrgarten (Maisdoolhof)**, Watervioliter 2, Meerstad, geöffnet: August tägl. 10–17.30, danach Mi./Fr. von 13–17.30 sowie Sa./So. 10–17.30 Uhr. Sofern das Wetter mitspielt, bleibt der Mais-Irrgarten bis Ende Oktober geöffnet. In dem 2,5 ha großen Feld ist ein vier Kilometer langes Wegenetz angelegt – der Ausgang ist nicht leicht zu finden, doch glücklicherweise gibt es einen Aussichtsturm in der Mitte des Irrgartens! Der Zugang ist gratis, Kinder unter 12 Jahren dürfen nur in Begleitung eines Erwachsenen in das Laby-

EXTRATIPP

Pfannkuchen beim Piraten
In der Gracht liegt das 43 Meter lange Pannekoekschip („Pfannkuchenschiff"), erbaut 1908, auf dem über 100 verschiedene Sorten Pfannkuchen angeboten werden. Wie wär's mit einem Clown-Pfannkuchen (mit Clownnase), einem Nutella-Pfannkuchen, einem Kannibalen-Pfannkuchen mit viel Speck und Wurst oder einem gesunden Pfannkuchen mit Apfel und Banane? Damit kleine Piraten nicht enttäuscht werden, am besten vorher reservieren ...

62 [I D3] **Pannekoekschip** €€, Schuitendiep 1017, Tel. 050 3120045, http://pannekoekschip.nl, geöffnet: tägl. 12–21 Uhr

rinth. Bitte beachten: Der Irrgarten wird nicht in jedem Jahr angepflanzt, deshalb vorher bei der Tourist-Info (s. S. 54) nachfragen.

•68 **Seehundstation Pieterburen,** Hoofdstraat 94a, Pieterburen, www.zeehondencentrum.nl, geöffnet: April–Okt. täglich 10–17 Uhr, Nov.–März: Mi.–So. 10–17 Uhr. Rund eine Dreiviertelstunde geht es mit dem Auto Richtung Norden, bis man zur Seehundstation Pieterburen kommt. Dort werden Heuler, die am Strand gefunden wurden, aufgepäppelt und danach wieder freigelassen. Man kann Dutzende von Seehunden aus der Nähe beobachten und erfährt anhand von Führungen und Infotafeln mehr über ihre Lebensweise.

Nachtleben

Gute Nachrichten für alle Nachteulen: Groningen kennt keine Sperrstunde. Klub-Öffnungszeiten bis 7 Uhr morgens sind also vollkommen normal. Weitere positive Nachricht: In Groningen gibt es Kneipen, Bars und Klubs in Massen. Hier kann also nur eine kleine Auswahl folgen. Eines der beliebtesten und zentralsten Ausgangsviertel liegt rund um **Grote Markt** ❽, **Poelestraat und Peperstraat** [I D3]. In dieser Gegend findet man viele Studentenbars und urige Kneipen mit dunkler Holzeinrichtung, die in den Niederlanden auch *bruine cafés* genannt werden. Einige Kneipen in der Poelestraat bieten eine sog. *piekuur* („Stoßzeit") von 21 bis 1 Uhr an, in der Getränke rund 1–1,50 € kosten – zum Warmtrinken sozusagen.

Bevor es am Abend richtig losgeht und sich die jungen Leute ins Groninger Nachtleben stürzen, holt man sich erst einmal eine **Stärkung bei Big Snack Hoek** (s. S. 53). In der Snackbar an der Ecke *(hoek)* gibt es Pommes, Hamburger und Chickenwings zum studentenfreundlichen Preis und auch „zum Ziehen aus der Wand". Dann geht es weiter in eine der vielen Kneipen in der Poele- oder Peperstraat, wie das Chupitos, in dem es die ausgefallensten Shots gibt (s. S. 60).

Kneipen

○69 [I D3] **'t Golden Fust,** Poelestraat 15, www.tgoldenfust.nl, geöffnet: Mo.–Do. ab 21.30, Sa./So. ab 21 Uhr. Noch eine Kneipe, die unter der Woche fest in den Händen der Groninger Studenten ist, am Wochenende mischt sich das Publikum aber. Man kommt für *„heerlijke drankjes"* und *„allerbeste hitjes",* also zum Trinken und Mitsingen/-tanzen. Gute Stimmung garantiert.

○70 [I D4] **Café de Oude Wacht,** Gedempte Zuiderdiep 3–5, Tel. 050 3125341, www.oudewacht.nl, geöffnet: tägl. 11–24 Uhr. Heineken-Chef Freddy Heineken höchstpersönlich eröffnete im Februar 1955 die Kneipe und seitdem scheint sich die Einrichtung kaum verändert zu haben. Doch eines ist neu: Heineken steht nicht mehr alleine auf der Karte, es gibt weitere zwölf Biere vom Fass sowie 16 Weine (auch glasweise). Die Hauptgerichte wie Wiener Schnitzel, Hamburger und Saté-Spieße für den Preis von 11,50 € können sich sehen lassen.

○71 [I B3] **Café De Sigaar,** Hoge der A 2, http://cafedesigaar.nl, geöffnet: So./Mo. 12–21, Di./Mi. 11–23, Do.–Sa. 11–24 Uhr. De Sigaar ist eine Mischung aus Café und Kneipe (eher älteres Publikum), in der man auf einen Wein, ein Bier oder einen Kaffee vorbeischaut und dazu einen Snack isst. Der Besitzer des Cafés umschreibt die Atmosphäre als die eines „Brüsseler Grand Cafés". Seine Leidenschaft gilt der Zigarre, zwar nicht derjenigen, die man anzündet und vor sich hin pafft, sondern den Zeppelinen, die auch als Zigarren bezeichnet werden. Hinzu kommt, dass an der Stelle früher einmal eine Zigarrendreherei stand. Wer jetzt auf den Geschmack gekommen ist und Lust auf eine echte Zigarre hat: Man bekommt sie an der Theke, muss sie allerdings vor dem Bistro rauchen.

○72 [I D3] **Chupitos**, Peperstraat 9, http://chupitos.nl, geöffnet: Mo.–Sa. 22–5 Uhr. Shots mit Show: Über 150 verschiedene „Kurze" werden hier mit viel Tamtam gemischt. Wer ein „Satansblut" oder eine „Atombombe" bestellt, kann sich denken, dass das nichts für Weicheier ist. Das Auge trinkt mit: So mancher Shot wird erst einmal in Flammen gesetzt.

○73 [I D3] **De Negende Cirkel**, Poelestraat 25, www.negendecirkel.nl, geöffnet: tägl. ab 21 Uhr. Echte Studentenkneipe (Bedienungen und Gäste sind Studenten) – zum Abtanzen, Trinken und laut Mitsingen. Tipp: Mit dem sog. *Poelepas* (gratis in in Kneipen erhältlich) bekommen Studenten 10 % Rabatt.

○74 [I D4] **Kult**, Steentilstraat 36–1, www.cafekult.nl, geöffnet: Di.–So. 16–3 Uhr. Im Gegensatz zu den *bruine cafés*, den Kneipen mit den dunklen Wänden und dem schummrigen Licht, ist Café Kult bunt und kunstvoll, denn an den farbenfrohen Wänden hängen Werke von Studenten der Kunstakademie. Die Kultbesucher sind nach eigenen Angaben zwischen 20 und 100 Jahre alt; unter ihnen auch viele Veganer und Vegetarier, denn die Küche – zwischen 16 und 21 Uhr geöffnet – bietet bezahlbare fleischlose Gerichte an, z. B. veganes Käsefondue. Nach dem Essen können die Gäste das Tanzbein schwingen, denn am Freitag- und Samstagabend legen DJs auf – von House über Jazz bis zu Reggae und Lounge.

EXTRATIPP

Drie Gezusters – Europas größter Gastronomiebetrieb

Die „Drei Schwestern" sind eine echte Institution: Ein ganzes Labyrinth aus Kneipen, von denen die eine in die andere übergeht, weiter nach oben und unten, nach rechts und links – Theken und kuschelige, düstere Nischen zum Sitzen und Essen, dann wieder Räume, die an Zugabteile erinnern, mit Koffern auf Metallträgern. Die Eingangsbereiche ähneln eher gemütlichen Bibliotheken, doch im Obergeschoss geht an den Wochenenden die Post ab. In mehreren Räumen wird getanzt und getrunken, es gibt u. a. eine Bar, die sich dreht und eine, in der man zu Latinomusik Cocktails trinkt. Gemeinsamer Nenner: Es ist urgemütlich. Man sieht tagsüber Familien mit Kindern, Freundinnen beim Plausch und Senioren beim Wein, abends schauen die Studenten vorbei, gerne im Obergeschoss in der Tikibar oder in der Blokhut. Und woher kommt der Name? Drie Gezusters heißt „drei Schwestern" und zwei der Gründer hatten jeweils drei Schwestern. Das scheint zu prägen ...

○75 [I C3] **Drie Gezusters**, Grote Markt 36/39, www.driegezustersgroningen.nl, geöffnet: Mo.–Sa. ab 10, So. ab 11 Uhr

Klubs

○76 [I C3] **Club Kokomo**, Gelkingestraat 1, www.clubkokomo.nl. Während der Studentennacht am Donnerstag und der Saturday Night (23–5 Uhr) sorgen DJs und Gogo-Tänzerinnen für gute Stimmung.

○77 [I D3] **Vera**, Oosterstraat 44, www.vera-groningen.nl. Im „Club for the International Pop Underground" sind schon U2 und Nirvana aufgetreten. Heute finden 2-4-mal pro Woche Konzerte statt, am Samstag ist Disco. Veranstaltungskalender auf der Website.

Radfahren

Groningen gehört zu den fahrradfreundlichsten Städten der Niederlande. Im Durchschnitt wird in Groningen 1,31-mal am Tag das Fahrrad genutzt (im Rest der Niederlande „nur" 0,84) und 60 % aller Wege werden mit dem Rad zurückgelegt. Dies soll sogar ein **weltweiter Rekord** sein! Auf die *fietsers* (Radfahrer) warten hervorragend ausgebaute Radwege entlang der Straßen (145 km), eigene Fahrradampeln (die bei Regen angeblich schneller auf Grün umspringen) und kostenlos überwachte Fahrradparkplätze. Selbst in der Fußgängerzone ist Radfahren erlaubt, was teilweise zu einem Gewusel von Fußgängern und Radfahrern führt.

Besonders beliebt sind in den Niederlanden die sog. **OV-fietsen**, Fahrräder, die an Bahnhöfen und P+R-Plätzen zum Verleih angeboten werden (Kosten: 3,85 € für 24 Stunden). Einen Überblick über die Verleihstationen in Groningen gibt es unter www.ns.nl/en/door-to-door/ov-fiets.

Passionierte Langstreckenradler finden im Norden einen ganz besonderen Leckerbissen: Der 90 km lange Fahrradweg **„Kiek over Diek"** führt von Lauwersoog bis zum östlichsten Punkt der Provinz Groningen immer am Deich entlang und sorgt damit für herrliche Ausblicke über das UNESCO-Weltnaturerbe Wattenmeer.

▲ Bevorzugtes Fortbewegungsmittel der Groninger: das „fiets" (Fahrrad)

Reisen mit Tieren

Es gibt in der Groninger Innenstadt ein paar Straßen, in die keine Hunde hinein dürfen (auch nicht angeleint): die Zwanestraat [I C3] (von der A-Kerkstraat bis zur Guldenstraat), die Einkaufsstraße Herestraat [I C3/4], der Carolieweg [I C/D4], die Rasenfläche am Martinikerkhof ❾ sowie am Weiher im Park Noorderplantsoen ⓮. Wer sich nicht daran hält, muss mit einer Geldstrafe in Höhe von 90 € rechnen. Im Stadpark und im Stadsbos gibt es *losloopgebieden,* also Bereiche, in denen Hunde frei herumlaufen dürfen. In den **Bussen der Gesellschaft Qbuzz** dürfen Tiere gratis mitfahren. Wie auch in Deutschland, sollte der Hundehaufen beseitigt werden. Bei Nichteinhaltung drohen 120 €, bei Nichtmitführen einer Plastiktüte 90 € Strafe.

Stadttouren

Mit dem Boot

● **78** [I C5] **Rondvaartbedrijf Kool**, Stationsweg 1012, neben dem Bahnhof und der Brücke, die zum Groninger Museum führt, Tel. 050 3128379, www.rondvaartbedrijfkool.nl/DE, Kosten: Erw. 12,50 €, Kinder 4–11 Jahre 7,50 €. Die Grachten heißen in Groningen „diepen", und diese lassen sich während einer einstündigen Bootsfahrt bequem erkunden. In drei Sprachen (Niederländisch, Englisch und Deutsch) gibt es Erklärungen zu allen wichtigen Gebäuden, die an der kreisförmigen Stadtgracht liegen, zudem geht es ein Stück hinaus in den östlichen Hafenbereich, wo auch der Tasman-Toren steht (s. S. 13).

Perspektivenwechsel: die Stadt vom Wasser aus erkunden

Groninger Kulturtempel: die Stadsschouwburg

KURZ & KNAPP

Doppelt pünktlich

Während der Bootsfahrt sieht man in der Ferne die katholische St.-Josef-Kathedrale, die Bischofskirche des Bistums Groningen-Leeuwarden. Auffallend ist der 76 m hohe, sechseckige Kirchturm, ein Entwurf des bekannten Architekten Pierre Cuypers, der auch für das Amsterdamer Rijksmuseum verantwortlich war. Der Turm trägt den Spitznamen „dronkemanstoren" („Trunkenboldturm"), da man immer eine Uhr doppelt sieht. Der Hintergrund: Der Turm verfügt über sechs Uhren, von denen zwei immer zu sehen sind.

● **79** [I D5] **Kanuverleih 't Peddeltje**, An der Herebrug, Tel. 06 24505914, geöffnet: Mai bis August Mi.–So. 12–18 Uhr. Tretboote, Elektroboote und Kanus gibt es bei dem kleinen Bootsverleih zu Füßen der Herebrug zu mieten. Das Kanu für zwei Personen kostet 15 € für 2 Stunden.

Praktische Reisetipps Groningen

Zu Fuß
> Der Tourismusverband organisiert offene **Spaziergänge mit deutschen Studenten**, die „ihre" Stadt zeigen. Jeden Samstag um 13.30 Uhr (im Juli und August auch täglich), Kosten 6 €, Treffpunkt am VVV Infozentrum (s. S. 54) am Grote Markt.

Mit dem Bus
> **Summer Holiday Bus,** http://summerholidaybus.com. Mit dem „Nothing tops Groningen"-Bus geht es während der Sommerferien durch die Stadt, Abfahrtzeiten: Sa./So. um 15.30 Uhr (City Tour, 1 Stunde) und um 12.30 und 14 Uhr (Grand Tour, 1½ Stunden). Abfahrt ist am Kwinkenplein [I C3]. Bitte 10 Minuten vor dem Start vor Ort sein. Kosten: 12 € (20 € große Tour), Kinder 5 €.

Theater und Konzerte

◉80 **MartiniPlaza,** Leonard Springerlaan 2, Bus 2, Richtung Hoornsemeer oder zu Fuß 15 Minuten ab Hauptbahnhof, Parkplatz vor der Türe, www.martiniplaza.nl. Der multifunktionelle Komplex wird als Tagungs- und Kongresszentrum ebenso genutzt wie als Sporthalle und Austragungsort für Konzerte. Man kann hier Ellen ten Damme und Stomp anhören, Judo-Meisterschaften verfolgen, sich bei einem Hüpfkissen-Festival austoben oder bei einem Musical schmachten.

◉81 [I E4] **Oosterpoort,** Trompsingel 27, www.de-oosterpoort.nl. Das Kulturzentrum Oosterpoort veranstaltet Konzerte aller Stilrichtungen – von Hiphop über Soul und Jazz bis zu Klassik; gespielt wird in einem der Konzertsäle im Oosterpoort oder in der Stadsschouwburg, auch Kabarett, Kleinkunst-, Jugend- und Musiktheater gehören zum Programm.

◉82 [I D2] **Stadsschouwburg Groningen,** Turfsingel 86, www.de-oosterpoort.nl. Oosterpoort und Stadsschouwburg veröffentlichen ihr Programm gemeinschaftlich auf einer Website. Während Oosterpoort ein modernes Gebäude ist, ist die 1883 im Stil der Neorenaissance errichtete Stadsschouwburg ein klassisch-stilvoller Theaterbau, der mit roten Teppichen und Samtsesseln sowie Balkonen und Logenplätzen in die Welt der schönen Künste entführt.

Unterkunft

Groningen erhebt eine „toeristenbelasting", eine Touristensteuer. Sie beträgt 1 € pro Kopf und Nacht.

Hotels

83 Apollo Hotel Groningen €, Laan van de Vrijheid 91, Tel. 050 7630070, www.apollohotels.nl. **Schlafen im Hochhaus:** an der Autobahn gelegenes, hippes Hotel, das aufgrund seiner Nähe zum MartiniPlaza (Konzerte, Sportveranstaltungen, s. S. 63) beliebt ist. 20 Gehminuten sind es zur Martinikerk ❾.

84 [I B4] **Asgard Hotel** €€, Ganzevoortsingel 2–1, Tel. 050 3684810, www.asgardhotel.nl. **Natürlich, ökologisch und puristisch:** modern-skandinavisch eingerichtetes Hotel in einem Backsteingebäude aus dem Jahr 1935. Die Zimmer zeigen sich geschmackvoll in natürlichen Materialien und hellen Farben, auch die Lage ist prima: Bahnhof und Groninger Museum liegen um die Ecke. Im Vergleich zum üblichen Hotel-Frühstück kann man sich hier über Bio-Wurst und -Käse, frische Erdbeeren und Melonen sowie knuspriges Brot freuen. Das Asgard-Hotel vermietet auch zwei schicke, in Weiß gehaltene Design-Appartements und Luxus-Zimmer im Dachgeschoss (der Aufpreis lohnt sich).

85 [I B1] **Het Paleis** €€€, Boterdiep 111, Tel. 050 3118849, www.hetpaleisgroningen.nl. **Kunstvoll übernachten:** zehn Zimmer, zehn verschiedene Stile, zehn Kunstrichtungen – vom Dadaismus über Pop Art bis Expressionismus. Das Boutique-Hotel ist in einem großen historischen Gebäudekomplex (früheres Chemielabor) im angesagten Ebbingekwartier beheimatet, in dem auch Künstler und Kreative ihre Ateliers haben. Zudem gibt es Tagungsräume und eine Brasserie – also alles vor Ort. Sogar heiraten kann man hier!

86 [I B2] **Hotel Corps de Garde** €€, Oude Boteringestraat 74, Tel. 050 3145437, www.corpsdegarde.nl. **Hip und historisch miteinander kombiniert:** Das Hotel Corps de Garde macht es vor und verbindet raue Backsteinmauern mit dunkelroten Samtsofas und moderne Möbel mit Antiquitäten. Doch am schönsten ist das Gebäude selbst, denn die Hotelzimmer befinden sich in einem Gebäude aus dem Jahr 1634, in dem früher die Hauptwache der Stadt untergebracht war.

87 [I C2] **Hotel de Ville** €€, Oude Boteringestraat 43, Tel. 050 3181222, www.nh-hotels.de/hotel/nh-groningen-hotel-de-ville. **Prima Lage inmitten von historischen Universitätsgebäuden:** In einem stattlichen Backsteingebäude mit

---

> **EXTRAINFO**
>
> ### Buchungsportale
>
> Neben Buchungsportalen für **Hotels** (z. B. www.booking.com, www.hrs.de oder www.trivago.de) bzw. für **Hostels** (z. B. www.hostelworld.de oder www.hostelbookers.de) gibt es auch Anbieter, bei denen man **Privatunterkünfte** buchen kann. Portale wie www.airbnb.de, www.wimdu.de oder www.9flats.com vermitteln Wohnungen, Zimmer oder auch nur einen Schlafplatz auf einer Couch. Diese oft recht günstigen Übernachtungsmöglichkeiten sind nicht unumstritten, weil manchmal normale Wohnungen gewerblich missbraucht werden. Einige Städte greifen deshalb regulierend ein.

> ### Preiskategorien Hotels
>
> Die folgenden Preiskategorien beziehen sich auf ein Doppelzimmer pro Nacht:
>
> | | |
> |---|---|
> | € | bis 80 € |
> | €€ | 80–120 € |
> | €€€ | 120–160 € |
> | €€€€ | ab 160 € |

Praktische Reisetipps Groningen

modernen Anbauten sind 66 elegante Zimmer und Suiten untergebracht. Die Lage dieses NH-Hotels ist perfekt, doch mit dem Parken wird es etwas schwieriger. Am besten man entscheidet sich für Valet Parking (Parkservice; 19,50 € pro Tag).

88 [I D2] **Prinsenhof** €€€€, Martinikerhof 23, Tel. 050 3176555, www.prinsenhof-groningen.nl. **Schlafen wie ein König:** welch ein Bett! Wenn Groningen nicht so sehenswert wäre, könnte man glatt liegen bleiben. Die Matratzen, die fast einen halben Meter hoch sind, stammen aus Amerika und garantieren einen fantastischen Schlaf. Hinzu kommt, dass der Prinsenhof zwar mitten in der Stadt steht, aber vom Prinsentuin und vom Martinikerhof umgeben ist, sodass man nicht nur bequem, sondern auch ruhig schläft. Auch sonst bleiben keine Wünsche offen: Die 34 Luxus-Zimmer verfügen alle über einen unterschiedlichen Grundriss und erstrecken sich manchmal über zwei Etagen (aufgrund des historischen, verwinkelten Gebäudes). Sie sind mit hellen Möbeln und Antiquitäten eingerichtet und verfügen über Nespresso-Maschine, Bose-Musikanlage und Aquadi-Parma-Kosmetikprodukte (riechen herrlich!). Das Frühstück genießt man in einem stilvollen Saal aus dem 15. Jahrhundert, der früher einmal eine Abtei-Kirche war.

89 [I C1] **The Student Hotel** €€, Boterdiep 9, Tel. 050 2069161, http://thestudenthotel.com. **Günstig muss nicht billig sein:** Was sich erst einmal sehr „basic" anhört, überrascht mit großen, geschmackvoll eingerichteten Zimmern, einem angesagten Restaurant namens Pool, einer locker-freundlichen Atmosphäre und fairen Preisen. Im Student Hotel übernachten bei Weitem nicht nur Studenten, sondern auch Businessleute und Touristen. Kein Wunder, denn Lage (im angesagten Ebbingekwartier, nur sieben Gehminuten von der Martinikerk entfernt) und Ausstattung (beispielsweise Wasserkocher und Espresso-Maschine auf dem Zimmer) sind bestens. Ideal auch für alle, die sich mit Laptop gerne in die Lobby oder ins Restaurant setzen, um zu arbeiten.

90 **Van der Valk Hotel Groningen Westerbroek** €€, Rijksweg West 11, Tel. 050 4046404, www.hotelgroningenwesterbroek.nl/de. **Vier Sterne an der Autobahn:** Die Van der Valk-Hotels liegen in der Regel nahe der Autobahn – so auch in Groningen. Das ist nicht unbedingt ein Nachteil, denn es gibt einen riesengroßen, kostenlosen Parkplatz vor der Tür. Zur Bushaltestelle, von wo aus der Bus einen im 10-Minu-

> *In der Lobby des Student Hotel*

ten-Takt in nur 10 Minuten ins Zentrum bringt (6 € hin und zurück für zwei Personen, Fahrschein an der Rezeption erhältlich) sind es nur ein paar Meter. Auch das Hotel selbst hat viele positive Seiten: Es wurde im Jahr 2017 eröffnet und die stilvollen, rund 30 m² großen Zimmer sind am Wochenende zu einem Preis von unter 100 Euro (ohne Frühstück fürs Doppelzimmer) zu haben. Außerdem steht Van der Valk für gutes Essen.

Bed & Breakfast

91 [I D4] **Sint Anthony Gasthuis Bed & Breakfast** €€, Rademarkt 29–14, Tel. 0620 722886406, www.sintanthonygasthuis.com/bebanthony/benbanthonyduits.html, 80 € per Nacht, Frühstück wird nicht serviert. **Übernachten in einem echten Hofje:** Das kleine Haus ist mit zwei Boxspringbetten, Tisch und vier Stühlen, Sofa, Küche, Kühlschrank, Kaffeemaschine, Wasserkocher, Badezimmer und Toilette, Fernseher und WLAN eingerichtet.

92 Stee in Stad €, Floresstraat 75, http://steeinstad.nl. **Farbenfroh und opulent:** Über drei Häuser verteilen sich zwölf Zimmer, die alle unterschiedlich eingerichtet sind: Das Eiszimmer zeigt sich in kühlen Blautönen und mit riesiger Eisbergtapete, das Barockzimmer in Schwarz-Weiß mit floralen Wänden. Im Bauernzimmer schlafen Gäste im Alkoven und im Rosenzimmer in rosaroter Bettwäsche. Eine unpersönliche Hotel-Atmosphäre sucht man hier vergebens. Preise ab 42,40 € fürs Einzel- bzw. 62,50 € fürs Doppelzimmer. Gute Aktion: Die Unterkunft bietet Langzeitarbeitslosen einen neuen Job.

Campingplatz

93 Camping Stadspark Groningen €, Campinglaan 6, Tel. 050 5251624, http://campingstadspark.nl, geöffnet: Mitte März bis Anfang November. Der Campingplatz befindet sich im Stadtpark (rund 3,5 km von der Innenstadt entfernt). Es gibt 110 Plätze mit Stromanschluss, davon 25 auch für Wohnmobile geeignete, und einige Zeltplätze ohne Elektrizität. Zudem stehen auf dem Gelände zwei Sanitärgebäude, ein Restaurant und die Rezeption. Kosten für zwei Personen, Auto und Zelt: 18,50 €.

Verkehrsmittel

Die Innenstadt ist gut zu Fuß durchquerbar. Ein Bus oder ein Taxi sind – sofern man keinen Koffer schleppen muss – nicht notwendig.

Bus

In Groningen und Umgebung fahren Busse der Transportgesellschaft **Qbuzz**. Die wichtigste Haltestelle im Groninger Zentrum liegt zu Füßen des Martinitoren **9** am Grote Markt. Von dort aus fahren die Busse beispielsweise zu den P+R-Plätzen (s. S. 42). Fahrkarten können beim Busfahrer gekauft werden. Die günstigste Fahrkarte kostet 2,50 €. Damit können Fahrgäste eine Stunde lang zwei Zonen in der Stadt befahren. Kinder bis 11 Jahre fahren in Begleitung eines Erwachsenen gratis. Bitte beachten: Man muss bar bezahlen und mit Scheinen, die kleiner als 20 € sind. Alle Informationen sind unter https://qbuzz.nl/GD/contact/deutsche-informationen einsehbar.

Taxi

› **Budget Taxi Groningen,** Tel. 050 7501881, www.budgettaxigroningen.nl. Starttarif 2 €, jeder weitere Kilometer 1,70 € + 0,32 € pro Minute.
› **Taxi Groningen,** Tel. 050 5418452, www.taxi-groningen.nl. Starttarif 2,80 €, jeder weitere Kilometer 2,08 € + 35 € pro Stunde.

Praktische Reisetipps Groningen

Weitere Adressen

Apotheken

Was bekommt man in einer niederländischen Apotheke? Siehe hierzu S. 121.

✚94 [I E4] **pharmacy Oosterpoort**, Meeuwerderweg 6, Tel. 050 3121030, https://apotheekoosterpoort.leef.nl, geöffnet: Mo.–Fr. 8.30–18 Uhr. Unweit des Kulturzentrums Oosterpoort.

✚95 [I C3] **pharmacy Venema**, Kwinkenplein 6, Tel. 050 3184284, https://apotheekvenema.uwapothekeronline.nl, geöffnet: Mo.–Fr. 8.30–18, Sa. 11–16 Uhr. Nahe dem Martinitoren gelegen.

Arzt, Krankenhaus

Ein Riesenklotz von einem Krankenhaus steht im Nordosten der Innenstadt, nur zehn Gehminuten vom Grote Markt entfernt. Das UMCG gehört zu den größten Krankenhäusern der Niederlande (rund 1000 Betten) und ist zudem der größte Arbeitgeber im Norden des Landes. Rund 10.000 Menschen arbeiten hier, in enger Zusammenarbeit mit der Rijksuniversiteit Groningen. Behandelt werden Patienten auch ambulant in der sog. Poliklinik, in der verschiedene Fachärzte arbeiten. Um einen Termin bei einem solchen Facharzt zu bekommen, braucht man eine Überweisung vom Hausarzt oder geht in die Notaufnahme.

✚96 **Martini Ziekenhuis (Krankenhaus)**, Van Swietenplein 1, Tel. 050 5245245, www.martiniziekenhuis.nl. Südlich der Innenstadt und des Stadtparks steht das Martini-Krankenhaus, das auf Onkologie, Gynäkologie und Orthopädie spezialisiert ist.

✚97 [I E2] **UMCG – Universitair Medisch Centrum Groningen**, Hanzeplein 1, Tel. 050 3616161. Die Parkgarage im nördlichen Bereich des Krankenhauses (Vrydemalaan) ist rund um die Uhr geöffnet. Auch mit dem Bus ist das Krankenhaus gut erreichbar (Linie 5 und 6). Ein Teil des UMCG widmet sich der Behandlung von Kindern (Stichting Beatrix Kinderziekenhuis).

Polizei

➤98 [I D4] **Politiebureau Groningen-Centrum**, Rademarkt 12, Tel. 0900 8844, www.politie.nl, geöffnet: rund um die Uhr

➤99 **Politiebureau Groningen-Korreweg**, Korreweg 3, Tel. 0900 8844, geöffnet: Mo.–Fr. 8.30–17 Uhr

Post

Briefmarken (*postzegels*) gibt es meist dort zu kaufen, wo es Karten gibt, oder beim *postkantoor*. In den Niederlanden unterscheidet man bzgl. Porto nicht zwischen Postkarte und Brief, wohl aber nach Gewicht, außerdem gibt es **nationale und internationale Briefmarken**. Sie sind

Der Hirsch ist ein beliebtes Apothekensymbol

mit einer Briefmarke Europa 1 zu versehen und in den roten Briefkästen unter dem Einwurf *overige postcodes* (weitere Postcodes) zu versenden. Eine Postkarte oder ein Brief wiegen in der Regel nicht mehr als 20 Gramm und sind daher mit einer **einzelnen Briefmarke** zu versehen. Im Jahr 2017 lag der Preis für eine internationale Briefmarke (u. a. für die Bestimmungsländer Deutschland, Österreich und die Schweiz) bei 1,33 Euro.

✉**100** [I C1] **PostNL**, Nieuwe Ebbingestraat 33, Tel. 0900 0990, geöffnet: Mo.–Fr. 8–18 (Do. bis 21), Sa. 8.30–17 Uhr

Groningen preiswert

› *Bildung kostet nichts:* Im Universiteitsmuseum ❻ können Sonderausstellungen zu wissenschaftlichen Themen und das spannende Kabinett mit historischen Lehrobjekten aus der Universität kostenlos besichtigt werden.

› *Auf den Spuren der Oranier:* Sich in Laubengängen verstecken, an duftenden Rosen riechen, zwischen Buchsbaumhecken spazieren – der Prinsentuin ❿ kann jeden Tag zwischen 10 und 18 Uhr unentgeltlich besucht werden.

› *Volle Pulle:* Wer eine Wasserflasche bei sich hat, kann diese an mehreren Stellen in der Stadt an einem weißen Wasserhahn mit der Aufschrift „kraanwater" (Leitungswasser) wieder auffüllen, u. a. vor der Universitätsbibliothek und vor dem Groninger Museum.

› *Locus gratuitus:* Gratis auf die Toilette gehen und noch dazu auf eine so schöne – in der Schuitemakersstraat 22 [I B4] an der Gracht hinter der A-Kerk kann man in einem Kunstwerk Wasser lassen – allerdings nur als Mann.

▽ *Wasserflaschentankstelle nahe dem Groninger Museum* ❶

LEEUWARDEN

Leeuwarden verstehen

Leeuwarden ist **leise**, denn der Charakter einer kleinen Provinzhauptstadt weht noch immer durch die Gassen, und zugleich **lebendig**, da über 6000 Fachhochschulstudenten die Stadt beleben. Die Stadt ist angenehm **bodenständig** (der Friese gilt als nüchtern) und dennoch **innovativ** (im Rahmen der Ernennung zur Kulturhauptstadt Europas tut sich was!). Und Leeuwarden bietet mit über 800 Kulturdenkmälern nicht nur einen großen Reichtum an **Geschichte**, sondern zeigt auch einen auffälligen Stolz darauf, die im historischen Zentrum ⑱ anschaulich präsentiert wird. In Leeuwarden residierte Maria Louise von Hessen-Kassel, der Künstler M.C. Escher wurde hier geboren, die Doppelspionin Mata Hari (s. S. 92) wuchs in der Stadt auf und auch Rembrandts Frau Saskia van Uylenburg stammt aus Leeuwarden.

Diese reiche Geschichte spiegelt sich noch heute in der **bezaubernden Altstadt** mit ihren Grachten, Brücken, dem Waaghaus ㉕ und den vielen historischen Häusern aus dem 17. Jahrhundert wider. Dass die Leeuwarder ihre Geschichte und Traditionen gerne lebendig halten, zeigen die vielen Ehrenamtlichen, die im Historisch Zentrum arbeiten oder mit allen Kräften den Tante-Emma-Laden namens De Grutterswinkel ㉓ am Leben halten.

Auch wenn Leeuwarden heutzutage eine eher ruhige Provinzhauptstadt ist, rückt sie doch immer dann in den Fokus des landesweiten Interesses, sobald die Temperaturen sinken und sich unter dem Nullpunkt bewegen. Denn Leeuwarden ist Start- und Endpunkt der in den ganzen Niederlanden äußerst beliebten **Elfstedentocht**, der Tour auf Schlittschuhen, die auf vereisten Kanälen durch elf Städte führt (s. S. 71).

Natürlich hat auch die Ernennung zur **Kulturhauptstadt Europas 2018** Leeuwarden einen wahren Schub verliehen. Neue Restaurants und Geschäfte eröffneten, die komplette Innenstadt wurde hergerichtet, Häuser wurden saniert, Museen auf Vordermann gebracht und neue (Kunst-)Projekte wurden ins Leben gerufen.

Das Antlitz der Stadt

Auffälligstes Bauwerk, zumindest von Weitem, ist der über 100 Meter hohe **Achmea-Toren** (Turm), der von der gleichnamigen Versicherungsgesellschaft errichtet wurde.

Nähert man sich der Innenstadt, dann fällt der **Turm** der Grote Kerk ㉒ auf. Noch weiter Richtung Zentrum stößt man auf eine ganz besondere Erscheinung: den schiefen Turm von Leeuwarden. Warum er so schief ist, das wird ab S. 79 genauer erklärt.

Ebenfalls auffallend sind die **Grachten**, von denen es in Leeuwarden zwei Sorten gibt: Die Gracht namens **Singel** umgibt sternförmig den Stadtkern und diente Verteidigungszwecken; auf der anderen Uferseite standen keine Gebäude und es durften keine Boote auf ihr fahren, sodass der Feind schnell zu sehen war. Sehr gut ist der Singel vom Hügel des Prinsentuins ⑲ zu sehen, der ebenfalls Teil der Befestigungsanlage war. Der andere Grachtentyp sind die **Stadtgrachten**, über die die Stadt mit Vorräten beliefert wurde. In früheren Zeiten geschah das hauptsächlich über Boote (s. S. 89).

◁ *Muss man erlebt haben: eine Praam-Tour (s. S. 116)*

Das gibt es nur in Friesland: die Elfstädtetour (Elfstedentocht)

Über 20 Jahre ist es her, dass die Elfstedentocht zum letzten Mal stattfand. Diese Tour auf Schlittschuhen, die sich 200 Kilometer lang über Grachten, Kanäle und Seen durch elf friesische Städte schlängelt, lässt das Herz eines jeden Niederländers höher schlagen. Sogar König Willem-Alexander fuhr bei der letzten **Elfstedentocht** mit (und schaffte die ganze Strecke, womit er sich bei den Holländern viel Respekt verdiente).

Die Tour führt von Leeuwarden im Uhrzeigersinn durch Friesland - über Sneek, IJlst, Sloten, Stavoren, Hindelopen, Workum, Bolsward, Harlingen, Franeker, Dokkum und zurück nach Leeuwarden. Für einen Tag wird dann das kleine, sonst so ruhige **Bartlehiem** zum Zentrum von Friesland. Dort müssen die Eisläufer unter der mittlerweile weltberühmten Brücke hindurch nach Dokkum fahren, umkehren und unter derselben Brücke zurück nach Leeuwarden „schaatsen" (eislaufen). Bei der letzten Elfstedentocht im Jahr 1997 nahmen 16.000 Menschen teil, 2000 Journalisten waren vor Ort, Blaskapellen spielten, Tausende von Menschen jubelten den Schlittschuhfahrern vor Ort zu und 11 Millionen saßen an ihren Fernsehern: ein riesiges, winterliches Volksfest, das leider viel zu selten zustande kommt.

Die Hölle von 1963

Ein reines Vergnügen ist diese Tour wahrlich nicht, zumindest nicht für diejenigen, die mitfahren. Frühmorgens, noch im Dunkeln, geht es aufs Eis. Dann muss man sich in allen elf Städten einen Stempel holen, und nur wer vor Mitternacht die Tour geschafft hat, bekommt das begehrte „Elfstedenkruisje", das bisher 17.000 Mal verliehen wurde und den Besitzer zum Helden macht. Die Gewinner der Elfstedentochten sind in den Niederlanden Volkshelden. So weiß ein jeder, dass Reinier Paping „de hel", die Hölle von 1963 gewonnen hat. Von den fünfzehn Elfstedentochten, die seit 1909 ausgetragen wurden, war dies **die härteste und die legendärste**. Bei minus 18 Grad brachen am 18. Januar 1963 die rund 10.000 Eisläufer frühmorgens auf, später kam eisiger Ostwind auf und es begann zu schneien. Immer mehr Schlittschuhläufer mussten völlig erschöpft und halb erfroren die Tour abrechen, viele waren orientierungslos und schneeblind. Von den 10.000 gestarteten Schlittschuhläufern erreichten nur 69 das Ziel. Reinier Paping war mit einer Zeit von 10 Stunden und 59 Minuten der Schnellste - und gewann zwei Jahreskarten für die Eislaufbahn und eine silberne Zigarettendose!

Noch ein anderes Phänomen gibt es in Leeuwarden: **Mini-Hügel.** Blickt man von der Grote Kerkstraat auf die Kleine Hoogstraat [II C2], dann zeigt sich, dass sie nach unten führt. Der Grund ist darin zu suchen, dass Leeuwarden auf drei Warften (terpen) erbaut war: **Oldehove, Nijehove und Hoek.** Eine Warft ist ein künstlich aufgeschütteter Hügel, der die Siedlung vor Sturmfluten (der früher angrenzenden Middelzee) schützen sollte. Führte der Weg zu einer Warft, führte er nach oben.

Der **Name** Leeuwarden hat ebenfalls mit einer Warft (werd) zu tun, allerdings nicht in Zusammenhang mit Löwen (niederländisch leeuwen), was

die meisten Niederländer vermuten. Das wäre naheliegend, ist doch der Löwe im Wappen der Oranier abgebildet. Doch der erste Wortteil von Leeuwarden stammt von *luwte* ab, was soviel bedeutet wie Windschatten. Somit ist Leeuwarden ein Ort im Windschatten einer Warft.

Geschichte

Im frühen Mittelalter bestand die Stadt aus einer Ansiedlung von Bauernhäusern auf drei Warften am Rande eines Meeresarms. Erst als Leeuwarden zur Hauptstadt Frieslands ernannt wurde und die **friesischen Statthalter** dort ihre Residenz bezogen, begann es zu wachsen. Hatte Leeuwarden im Jahr 1500 noch 5000 Einwohner, so waren es um 1650 ganze 16.000. Der Ort entwickelte sich zu einer vornehmen Hof- und Handelsstadt. Das „Goldene Zeitalter" hielt in Leeuwarden Einzug und Leeuwarden zählte zu den reichsten Regionen der Sieben Vereinigten Niederlande.

Doch dort, wo das Geld residiert, sind auch Neider zu finden. Die Statthalter sahen sich gezwungen, die Stadt vor Feinden zu schützen. Der **Schutzgraben Singel** und eine Stadtmauer wurden errichtet. Leeuwarden verdankte seine Vormachtstellung hauptsächlich der Funktion als Handels- und Versorgungszentrum für das ländlich geprägte Hinterland. Doch als die Preise für Getreide stiegen, sank der Wohlstand der Stadt. Hinzu kam die Rinderpest in den Jah-

> **KURZ & KNAPP**
>
> **Die Stadt in Zahlen**
> - **Gegründet:** 1435
> - **Einwohner:** 108.000
> - **Bevölkerungsdichte:** 699 Einwohner/km²
> - **Fläche:** 170 km², davon 15 km² Wasserfläche
> - **Höhe ü. M.:** 3 m
> - **Stadtbezirke:** 24 Stadtviertel, u. a. Binnenstad (Innenstadt)

In den nächtlichen Grachten kann man ein blaues Wunder erleben

Leeuwarden verstehen

ren 1714/1715, die 60.000 Tiere dahinraffte und eine weitere Epidemie 30 Jahre später, die gar 110.000 Tieren das Leben kostete. Dennoch konnte sich Leeuwarden trotz dieser Katastrophen weiterhin recht gut über Wasser halten, waren doch die Provinzbeamten und die friesischen Statthalter mit ihren regelmäßigen Einkünften in der Stadt ansässig.

300 v. Chr.: Dort, wo Leeuwarden heute steht, gibt es eine Landschaft aus Erdhügeln, die an die Middelzee (einen Meeresarm) grenzt.

500 n. Chr.: Auf den drei Warften Oldehove, Nijehove und Hoek siedeln sich mehrere Bauernhöfe an, die miteinander in regem Austausch stehen.

Um 900: Durch den Bau der ersten St.-Vitus-Kirche entwickelt sich die Warft Oldehove zu einem religiösen Zentrum.

Um 1000: Die Warften Nijehove und Hoek wachsen zu einem Handelsplatz für Fleisch, Wolle und Gemüse zusammen. Es gibt einen Hafen, die Handelsbeziehungen reichen bis nach Russland.

Um 1300: Die Middelzee verebbt und Leeuwarden liegt nicht mehr am Wasser. Eine Stadtmauer und Wassergräben werden errichtet.

1435: Oldehove, Nijehove und Hoek werden zusammengelegt und erhalten die Stadtrechte.

1498: Herzog Albrecht von Sachsen beendet einen langanhaltenden Bürgerkrieg.

1504: Leeuwarden wird Hauptstadt von Friesland, es gibt eine Zentralverwaltung, einen Gerichtshof und eine Stadtmauer.

1529: Bau des Turms Oldehove ⓱

1580: Die Reformation kommt nach Leeuwarden; katholische Pfarrer und Mönche werden aus der Stadt vertrieben.

1603: Leeuwarden ist aufgrund seiner günstigen Lage *das* Handelszentrum von Friesland. Es gibt viele Märkte in der Stadt und Künstler und Buchdrucker lassen sich hier nieder.

1795: Aufstand der Patriotten, die sich gegen die Vormachtstellung der Oranier wenden und auch den Grabkeller der Grote Kerk ⓶ plündern.

1828: Die Stadtmauer wird abgerissen, was eine territoriale Ausbreitung von Leeuwarden ermöglicht.

1915: Wohnungsbaugesellschaften errichten die ersten Arbeitersiedlungen *(volksbuurten)*.

1944: Während der deutschen Besatzung werden 400 Juden aus Leeuwarden in Konzentrationslager gebracht.

1997: Die bisher letzte Elfstedentocht (s. S. 71) wird ausgetragen.

2018: Leeuwarden ist Kulturhauptstadt Europas.

☑ *Einblick in das Leben der früheren Torfstecher gibt das Fries Museum* ㉖

KURZ & KNAPP

Friesisch – kein Dialekt, sondern eine eigene Sprache!

Friesisch ist als eigene Sprache anerkannt. Wer heute ins Rathaus geht, um einen Pass abzuholen, kann sich mit den Gemeindebeamten auf Friesisch unterhalten. Zwar ist auch Niederländisch Amtssprache und die meisten Leeuwarder sprechen es auch, doch je weiter man aufs Land hinausfährt und je familiärer die Umgebung wird, desto mehr rückt das Friesische in den Vordergrund. In vielen Familien wird zu Hause Friesisch gesprochen; in der Schule wird es (zwar in geringem Umfang) noch gelehrt. Die lokale Variante des Friesischen, die in der Stadt Leeuwarden gesprochen wird, nennt sich „Liwwadders". Ein paar Worte Friesisch:

> Oant moarn = Bis morgen!
> Tsjoch = Prost!
> Goeie moarn = Guten Morgen
> Goeie midje = Guten Mittag!
> Goeie jûn = Guten Abend!
> Lekker ite = Guten Appetit!
> Frysk = Friesisch
> Kofje = Kaffee
> Tsiis = Käse

Tipp: Gegenüber dem Oldehove ⓱, am Rande des großen Platzes, wird im Jahr 2018 das Sprachenzentrum „Lân fan Taal" eröffnet. Im Fokus stehen die friesische Sprache in Literatur und Poesie sowie Leeuwarden als Stadt, in der seit alters her diverse Nationalitäten wohnen. Das ist an der Waalse Kerk [II C2] zu erkennen, die der französischsprachigen Gemeinde als Gotteshaus diente, und am Hof der Maria Louise von Hessen-Kassel, an dem neben Deutsch auch Französisch gesprochen wurde.

Leben in Leeuwarden

Beschauliche Idylle

Im sog. „Goldenen Zeitalter" war Leeuwarden eine bedeutende Stadt: Handelszentrum, Garnisonsstadt und Sitz der Statthalter. Dann versank es in eine Art Dornröschenschlaf. Seit Gründung der Hogeschool, der Hochschule, kam ein frischer Wind nach Leeuwarden; eine Vielzahl internationaler Studenten bereichert heute das Kultur- und Nachtleben. Dennoch ist die Stadt auch **idyllisch und ruhig** geblieben. Schulkinder spielen vor der Grote Kerk ㉒, Studenten liegen im Prinsentuin in der Sonne, die Polizisten stehen vor der Polizeiwache mit einem Kaffee in der Hand und blicken auf „ihren" schiefen Turm Oldehove ⓱. Die Zeit scheint hier – auf eine sehr angenehme Weise – etwas langsamer zu gehen.

Kulturhauptstadt Europas im Jahr 2018

Schon bei den Vorbereitungen auf das Jahr 2018, in dem die Stadt zusammen mit dem maltesischen Valletta den Titel Kulturhauptstadt Europas trägt, hat sich so einiges getan: Junge Bäume wurden entlang der Grachten gepflanzt, neue Hotels und Bed & Breakfasts öffneten ihre Türen und angesagte Restaurants wie Proefverlof (mit herrlicher Terrasse am Wasser, s. S. 108) locken mit neuen Food-Konzepten. Und welche Stadt kann schon von sich behaupten, über Gästezimmer in einer Gefängniszelle (s. S. 120) oder auf einem historischen Boot (s. S. 121) zu verfügen? Leeuwarden ist also für die über eine Million Besucher, die 2018 erwartet werden, gerüstet. Doch dreht sich dann nicht alles

nur um Leeuwarden. An dem Kulturhauptstadt-Konzept *mienskip* (Gemeinschaft) beteiligt sich die gesamte Provinz Friesland – in den Städten und auch am Wattenmeer finden diverse Veranstaltungen statt. Das Programm ist unter www.friesland.nl/de/kulturhauptstad-2018 einsehbar.

Stolzer, vertrauenswürdiger Menschenschlag

Dass in so einem aufregenden Jahr alle mit von der Partie sind, das versteht sich in Friesland von selbst. Zwar gelten die Friesen als etwas zurückgezogen, doch sie können anpacken und sind äußerst hilfsbereit. Außerdem sind die Leeuwardener stolz auf ihre Stadt und zeigen Besuchern gern, was sie zu bieten haben. So arbeiten unzählige ehrenamtliche Helfer in den Museen, im Turm Oldehove und rund um die Events im Jubiläumsjahr. Den niederländischen Friesen wird nachgesagt, ein ehrlicher, vertrauenswürdiger und würdevoller Menschenschlag zu sein. Witze würde man über den niederländischen Friesen nicht machen – es sei denn, man stammt aus Groningen und betrachtet die Friesen als Konkurrenten im Streit um die Vorherrschaft im Norden.

Leeuwarden entdecken

Leeuwarden im Intensivdurchgang

Die wichtigsten Sehenswürdigkeiten lassen sich gut während des folgenden Spaziergangs erkunden, der einige Stunden in Anspruch nimmt – oder mehr, falls man noch eines oder mehrere Museen besuchen möchte. Wer länger in Leeuwarden bleibt, der sollte einen Ausflug zum Wattenmeer und zum Afsluitdijk ❸⓿ einplanen oder einen herrlichen Tag im wasserreichen Gebiet der Alde Feanen ❸❶ verbringen.

Stadtspaziergang

Am besten starten Besucher den Spaziergang, der ungefähr einen halben Tag in Anspruch nimmt, dort, wo sich der Stolz der Leeuwarder über der Stadt erhebt: am schiefen Turm namens **Oldehove** ❶❼. Wer mit dem Auto anreist, kann ganz bequem in der Garage unter dem Platz parken (s. S. 100), sich bei einem Aufstieg die Beine lockern (falls der Turm schon

Kurs auf den schiefen Turm von Leeuwarden ❶❼

geöffnet ist) und sich von oben einen Überblick über die Stadt verschaffen.

Am Platz vor dem Oldehove befindet sich das **Historisch Centrum** ⓲, in dem man sich mit Prospekten und Büchern zum Thema Leeuwarden eindecken oder sich zu einer Stadtführung anmelden kann. Hinter dem Historisch Centrum liegt der Prinsentuin, ein kleiner Park mit dem sehenswerten **Pier-Pander-Tempel** ⓳. Für einen Kaffee eignet sich das Café De Koperen Tuin (s. S. 82) im Park.

Auf dem großen Platz vor dem **Oldehove**, auf den man nun zurückgeht, stand früher eine Kirche, deren Umrisse noch durch Steinmarkierungen im Fußboden erkennbar sind. Linker Hand fällt ein großes Wandgemälde auf: Es zeigt Maria Louise von Hessen-Kassel (s. S. 84), von der viele Fürsten Europas abstammen, u. a. der niederländische König Willem-Alexander.

Geht man hier links um die Ecke und dann wieder links, stößt man auf das Keramikmuseum

Anthony Gasthuis: Altersruhesitz der Luxusklasse

Von der Grote Kerkstraat führt eine kleine Gasse namens Wijde Gasthuissteeg [II B2] zu einem prachtvollen, akkurat gepflegten Garten mit Blumenbeeten und einer großen Trauerweide. In ihrem Schatten stehen Bänke und ein romantisches Holzgartenhaus, der parkähnliche Garten ist gesäumt von villenartigen Häusern mit gelb-weißen Markisen. Dieses wunderschöne Ensemble gehört zum Anthony Gasthuis, das auf eine lange und reiche Geschichte zurückblicken kann: Im Mittelalter wurde es als Auffangbecken für bettelnde, alte und verwaiste Menschen ins Leben gerufen, finanziert von den Wohlhabenden der Stadt. So vermachte eine gewisse Jouke van Burmana aus Leeuwarden im Jahr 1425 dem Anthony Gasthuis ein Anwesen, das für „arme en ellendige" Menschen bestimmt war.

Weitere Schenkungen und Ankäufe folgten, sodass die Stiftung schon Ende des 15. Jahrhunderts den heutigen Umfang erreicht hatte, der viele Gebäude zwischen Grote Kerkstraat und Groeneweg umfasst - ein eigenes Dorf inmitten der Stadt. Der Name stammt im Übrigen von der ursprünglichen Funktion als Unterkunft für Reisende.

Im Lauf der Jahre bezogen hauptsächlich ältere Bürger das Anthony Gasthuis, einige von ihnen waren durchaus wohlhabend. Diese sog. „proveniers" bezahlten für die Aufnahme in das Gasthuis oder vermachten der Stiftung ihren Besitz, womit sie sich einen Altersruhesitz sichern konnten. Im Jahr 1477 schenkte eine Benne Jacobs dem Antoniusstift ihr Haus, ihre Möbel, vier Pfund Roggen und Hafer, drei Kühe und noch ein paar Kleinigkeiten. Im Gegenzug wurde ihr versprochen, sie bis an ihr Lebensende zu versorgen und sie von der Arbeit zu befreien (die ärmeren Ruheständler mussten arbeiten oder bei der Krankenpflege helfen). So kam das Anthony Gasthuis in den Besitz vieler Stadthäuser und Ländereien außerhalb von Leeuwarden. Noch heute leben Rentner in dem Anwesen. Die Häuser des Anthony Gasthuis erkennt man übrigens an der goldenen Glocke.

●**101** *[II B2]* ***Sint Anthony Gasthuis****, Grote Kerkstraat 39*

Leeuwarden entdecken

Princessehof [20], dessen Besuch sich nicht nur für Keramikfans lohnt. In diesem Palast lebte Maria Louise, ihr original erhaltenes Esszimmer ist noch zu sehen.

Weiter geht es durch die Grote Kerkstraat etwas „bergauf" Richtung Jacobijnerkerk. Man beachte die stattlichen Häuser, in denen früher Adelige lebten und welche die Abbildung einer Glocke in ihrer Fassade tragen: Sie gehören zum Anthony Gasthuis (s. S. 76).

In der Grote Kerkstraat sollte man auf die Häuserecken an den kreuzenden Straßen achten: Sie sind abgerundet, damit die Kutschen hier leichter um die Ecke biegen konnten.

Wer Lust auf ein Museum hat oder mit Kindern unterwegs ist, kann das Natuurmuseum [21] besuchen (den Pijlsteeg durchqueren), das zu den kinderfreundlichsten und spannendsten Museen der Niederlande gehört. Staunen über Tiere, das Meer und die Wunder der Natur – das ist hier auf vielfältige, interaktive Weise möglich.

Weiter geht es auf der Grote Kerkstraat zur Grote oder auch Jacobijnerkerk [22]. Beide Namen sind richtig und der offizielle Kirchenname beinhaltet beide Komponenten. Die Grote Kerk ist die größte der mittelalterlichen Kirchen der Stadt; in ihr sind die Mitglieder der Adelsfamilie Oranien-Nassau begraben. Rund um die Kirche gibt es einiges zu sehen: die jüdische Schule, das Monument zum Gedenken an die jüdischen Mitbürger und das hofje (Wohnhäuser um einen

Routenverlauf im Stadtplan
Der hier beschriebene Spaziergang ist mit einer farbigen Linie im Stadtplan eingezeichnet.

Innenhof) namens Boshuisen Gasthuis. Wer selber kleine Kinder oder Enkelkinder hat, kann sich in dem hübschen Laden Pjut (s. S. 104) am Bredeplaats mit Kinderkleidung eindecken.

Zurück führt der Weg über die Grote Kerkstraat und dann links weiter über die Kleine Hoogstraat hinunter zum Eewal und zum Hofplein, der einen zum **Stadhuis (Rathaus)** und zum Stadhouderlijke Hof bringt, in dem früher die Statthalter (s. S. 72) residierten und heute ein Hotel untergebracht ist. Falls die Türe zum Stadhuis offen steht: Wer einen Blick in den Eingangsbereich wirft, sieht – an der Decke abgebildet – die bedeutendsten Söhne und Töchter der Stadt wie Mata Hari (s. S. 92) und M.C. Escher. Der Eewal ist auch ideal für eine Mittagspause. Hier befindet sich beispielswei-

◿ *Kleine, aber feine Geschäfte in der Sint Jacobsstraat [II C2]*

Grüne und genussvolle Oasen der Ruhe

Sollte es mal vorkommen, dass in Leeuwarden viel los ist und man sich nach ein bisschen Ruhe sehnt, dann kann man hier vorbeischauen:

› **Lesesaal im Historisch Centrum** ⑱: kostenlos zugänglich, Kaffee und Tee aus dem Automaten für nur 50 Cent und himmlische Ruhe in dem Lesesaal, in dem nur wenige Menschen in Büchern oder Zeitschriften stöbern.

› Die Zeitung lesen und dabei einen frisch gebrühten Kaffee aus hausgebrannten Bohnen (es duftet herrlich!) genießen – das ist am langen Lesetisch oder auf den bequemen Sofas und Sesseln im **Café Post Plaza** möglich (s. S. 106).

› Lieber ein Plätzchen in der Sonne? Dann ein paar friesische Spezialitäten in der Kleine Kerkstraat [II B2] kaufen, den Platz vor dem Oldehove ⑰ überqueren und sich im herrlichen **Prinsentuin** ⑲ ein Fleckchen im Grünen suchen – mit Blick auf die in der Stadtgracht ankernden Jachten. Am Sonntag gibt es dazu sogar ein Gratiskonzert.

› Im **Park Vijversburg** treffen Natur und Kultur aufeinander: Landschaftsarchitekten und Künstler haben hier einen besonderen Ort der Entspannung und Inspiration geschaffen – mit einer großen, kelchförmigen Skulptur auf einem Hügel, einem gläsernen Pavillon, einer Orangerie voller Kakteen, einem Teehaus und einem Wasserlabyrinth für Kinder.

• **102 Vijversburg**, Swarteweisein 2, Tytsjerk, geöffnet: tägl. 8–18 Uhr, Eintritt: 2,50 €

◁ Mit dem Boot in die Stadt – und im Prinsentuin ⑲ anlegen

se das laut dem TV-Sender RTL4 beste Restaurant der Niederlande, das Spinoza (s. S. 109). Aber auch andere gute Restaurants mit Terrassen säumen den Platz, der bis 1884 noch von einer Gracht durchzogen wurde.

Nach dem Mittagessen ist es Zeit für etwas Süßes. Zuckerstangen und Süßholz gibt es in einem ganz besonders schönen Ambiente im **Grutterswinkel** ㉓, einem typischen Tante-Emma-Laden aus dem letzten Jahrhundert. Oder soll es lieber etwas Hochprozentiges sein? Der Gang im hinteren Bereich des Krämerladens führt zur Probierstube des **Boomsma-Museums** (s. S. 102), das sich der Geschichte des Beerenburgers (s. S. 101), des Jenevers und der Familie Boomsma widmet. Eine Runde

Beerenburger und Beeren-Jenever gehört natürlich mit dazu.

Gut gestärkt kann man sich nun zu einer **Grachtentour** aufmachen. An der Gracht Nieuwestad stehen die **Prahmfähren** *(Praamvaren),* die einen über die Kanäle der Altstadt mitnehmen. Karten gibt es beim gegenüberliegenden Buchhandel Van der Velde.

Nach der Bootstour, während der in der Ferne der schlanke Kirchturm der St. Bonifatiuskirche ❷ zu sehen ist, kann man sich einen **Einkaufsbummel** gönnen: An der Nieuwestad liegen viele Geschäfte und die hier abzweigende Kleine Kerkstraat gehört gar zu den schönsten Einkaufsstraßen der Niederlande. Hübsch ist auch der Oude Lombardsteeg, eine schmale Gasse zwischen den Geschäften, über den sich ein Walskelett-Kunstwerk erstreckt (s. S. 113). Gegenüber der Walgasse steht das Waaghaus ❷, in dem früher die Ware, die man auf den Märkten verkaufte, gewogen wurde. Heute lockt die Waag mit einem kühlen Bier (s. S. 106).

Zum Abschluss des Stadtspaziergangs wartet ein echtes Museums-Highlight: Das **Fries Museum** ❷ macht immer wieder mit spektakulären Ausstellungen von sich reden. Hinter dem Fries Museum gibt es noch mehr Museales, allerdings in schwimmender Form: Im **Museumhaven** ❷ schwimmen fast zwanzig historische Schiffe, die größtenteils noch fahrtauglich sind.

Zeit fürs Abendessen! Das neu eröffnete Restaurant Proeverlof im früheren Gefängnis der Stadt, dem **Blokhuispoort** ❷, lädt zum Essen auf der Terrasse am Wasser ein.

> *Krumm und schief – und dennoch heißgeliebt*

Erlebenswertes im Zentrum

❿ **Turm De Oldehove** ★★★ [II A2]

„Wenn ich den Oldehove nicht sehen kann, dann hab ich Heimweh," so lautet eine Redensart. Der Turm von Leeuwarden ist schief und unvollendet – und gerade deshalb schließt man ihn sofort ins Herz.

Ursprünglich sollte der als Kirchturm gedachte Oldehove 100 Meter hoch werden. Natürlich etwas größer als der Kirchturm der Stadt Groningen ❾, das wünschten sich die Leeuwarder. Doch Hochmut kommt bekanntlich vor dem Fall: Der deutschstämmige Baumeister Jacob van Aken (Aachen) hatte einen eklatanten Fehler gemacht, denn er hatte die Beschaffenheit des friesischen Bodens nicht in seine Berechnungen mit einbezogen. Leeuwarden bestand früher aus drei Warften an der Middelzee. Eine dieser Warften war Oldehove. Als man im 16. Jahrhundert

KURZ & KNAPP

Hoch hinaus ist manchmal tief unten

Leeuwarden hat kein Glück mit seinen Türmen: Erst wurde der Oldehove zum schiefen Turm von Leeuwarden, dann legte am 3. Januar 1976 ein Orkan den Turm der Nieuwe Kerk um, und im Jahr 2013 fegte ein Sturm die Spitze der Sint-Bonifatiuskerk ㉔ hinfort. 2015 musste das 114 Meter hohe Achmea-Bürogebäude dran glauben: Aufgrund starken Windes fielen mehrere Platten von der Fassadenverkleidung hinunter.

---

den Turm erbaute, wusste man nicht, dass das **Kirchenfundament auf den Rand der früheren Warft** gesetzt wurde. So war nur ein Teil des Untergrundes massiv, der andere Teil bestand aus einem lehmigen Untergrund. Der Oldehove senkte sich an der früheren Uferböschung in nordwestliche Richtung ab. Obwohl die Misere schon ab einer Bauhöhe von zehn Metern deutlich wurde, setzte man den Bau unter Zuhilfenahme von Stützbalken fort. So ist der Turm nicht nur schief, sondern auch in sich krumm auf 40 Meter herangewachsen. Ganze 1,50 Meter hängt er aus dem Lot.

Nach dreijähriger Bauzeit verstarb van Aaken. Cornelis Frederiks übernahm den Job des Baumeisters, allerdings nur für ein Jahr. Dann gab er auf – und die Leeuwarder blieben auf ihrem Sorgenkind sitzen. Ironischerweise nennt man den Turm heute „den Stolz von Leeuwarden", obwohl er doch eher eine peinliche Angelegenheit war. Aber so ist es nun mal mit den unvollkommenen Dingen im Leben, die durch Ecken und Kanten besonders viel Charakter zeigen: Man schließt sie umso mehr ins Herz.

Auch dem **Kirchengebäude** war kein glückliches Schicksal beschieden. Im Jahr 1566 fegte erst der Bildersturm der Protestanten über die katholische Kirche hinweg und zehn Jahre später ein echter Sturm, der das Gebäude zum Einsturz brachte. Die Protestanten sahen darin sofort einen Fingerzeig Gottes. Tatsächlich wurde nur drei Jahre später der Bischof von Leeuwarden, Cunerus Petri, aus Friesland vertrieben.

Zur **Turmbesteigung:** Die erste Etappe gestaltet sich einfach – sie erfolgt über einen gläsernen Aufzug, der bis zum ersten Stock führt. In ihm zeigt ein Film einen Gerichtsprozess, in dem der Schuldige für den schiefen Turm gesucht wird (auf Niederländisch). Weiter geht der Aufstieg über eine steinerne, drehwurmverdächtige Wendeltreppe. Oben angekommen, kann man vom platten Dach des Oldehoves in alle vier Himmelsrichtungen schauen und sich auf die gläserne Aussichtsplattform wagen, die einen senkrechten Blick nach unten ermöglicht. Wieder unten angekommen, sollte man einen Blick auf die Treppe neben dem Kassenbereich im Erdgeschoss werfen: Die Gewölbesteine weisen eigentümliche Einkerbungen auf. Sie stammen von den Steinmetzen, die – vor allem in Deutschland – mit der Herstellung der Steine beauftragt waren und die pro Stein bezahlt wurden. Noch ein anderes auffallendes Detail bietet der Eingangsbereich: Am Schrank hinter der Kasse wird deutlich, wie unglaublich schief der Oldehove ist!

Vor dem Turm – auf dem heute leeren Platz – sind in den Boden eingelassene Platten zu sehen. Sie zeigen Motive aus der Geschichte Leeuwardens, beispielsweise Eintrittskarten oder ein Flugzeugticket der Linie

Amsterdam-Leeuwarden. Diese Bodenplatten geben die Umrisse wider, die die früheren Kirchbauten auf dem Platz einnahmen.

› Oldehoofsterkerkhof, www.oldehove.eu, geöffnet: Apr.–Okt. tägl. 13–17 Uhr, Eintritt: Erw. 3,50 €, Jugendliche 2,50 €, Kinder bis 12 Jahre 1,50 €

⑱ Historisch Centrum ★ [II B2]

Das Historisch Centrum Leeuwarden (HCL) ist so etwas wie das Gedächtnis der Stadt. Es beherbergt eine Ausstellung zur Stadtgeschichte, Bücher über Leeuwarden und ein frei zugängliches Stadtarchiv mit Lesesaal.

Die Dauerausstellung „Het verhaal van Leeuwarden" umfasst zwar nur einen Ausstellungsraum, ist aber äußerst interessant: Anhand von Filmen, Zeitleisten, Karten und Fotos wird die **Geschichte der Stadt** sehr anschaulich und teilweise interaktiv erläutert – von den ersten Siedlern bis zur Gegenwart. Im Gang zum Lesesaal wird die Mauer von Abbildungen der berühmtesten Leeuwarder geziert: Mata Hari, Titia Bergsma, Saskia Ulenburgh (Rembrandts Frau), Lourens Alma Tadema, M.C. Escher, Maria Louise von Hessen-Kassel, Pieter Stuyvesant etc. In den weiteren Räumen sind Wechselausstellungen

Die erste Europäerin in Japan

Im Jahr 1817 trauten die Einwohner der japanischen Insel Dejima ihren Augen nicht: Vor ihnen stand eine große Frau mit blonden, gewellten Haaren in seltsamer Kleidung. Und sie hatte keine mandelförmigen Augen! Es war Titia Bergsma aus Leeuwarden, die ihrem Mann zusammen mit ihrem kleinen Sohn Johannes und ihrem Kindermädchen nach Japan folgte, der dort eine Handelsvertretung beaufsichtigte. Ihre Ankunft war insofern ungewöhnlich, da europäische Frauen in Japan unerwünscht waren. Dennoch nahm die mutige Friesin die ein Jahr dauernde Schiffsreise auf sich – und wurde zur Sensation. Rund vier Millionen japanische Vasen und Teller wurden mit ihrem Antlitz verziert: eine große Frau in friesischer Tracht, eine rote Korallenkette um den Hals und einen Sonnenschirm in der Hand. Sie war – bis auf einige von Formosa (Taiwan) nach Japan geflüchtete Frauen aus Zeeland – die erste europäische Frau in Japan. Obwohl sie die Künstler derart inspirierte, zeigte der japanische Kaiser keine Gnade. Titia Bergsma musste Japan und ihren Mann nach wenigen Wochen wieder verlassen. Nach Holland zurückgekehrt, starb sie wenig später in Den Haag, angeblich an gebrochenem Herzen. Ihren Mann sah sie nie wieder. Er kehrte im Jahr 1823 als reicher Mann in die Niederlande zurück.

zu sehen, die alle mit der Stadt zu tun haben. Der ideale Ort, um in aller Ruhe in einem Buch oder in einer Zeitung zu schmökern, ist der **Lesesaal** (mit kostenlosem WLAN). Lektüre, auch zum Mitnehmen, gibt es ausreichend am Eingang des Historisch Centrums: In niederländischer Sprache werden viele Themen der Stadt beleuchtet, beispielsweise „Auf den Spuren von Alma Tadema" oder über das jüdische Leben in der Stadt. Auf Deutsch gibt es den Stadtspaziergang Leeuwarden, denn man auch live miterleben kann: Das Historisch Centrum bietet hervorragende Stadtführungen an (s. S. 116).

› Groeneweg 1, https://historischcentrum leeuwarden.nl, geöffnet: Di.–Fr. 11–17, Sa./So. 13–17 Uhr, Eintritt frei

❶❾ Prinsentuin (Prinzengarten) und Pier-Pander-Tempel ★★ [II B1]

Der kleine Stadtpark war früher der Lustgarten der friesischen Statthalter (s. S. 72) und liegt auf einer Anhöhe nahe dem Turm Oldehove ❶❼. *Sehenswert ist der Pier-Pander-Tempel mit seinen fünf lebensgroßen Skulpturen aus Carrara-Marmor.*

In den Niederlanden kennt man den Begriff des Statthalters. Zu Beginn vertraten sie in den Provinzen den jeweiligen Herrscher („anstatt des Herrschers"), das war seit 1515 die spanische Linie der Habsburger. Nach der Loslösung von Spanien wurden die Statthalter von den jeweiligen Provinzen ernannt.

Einer der Statthalter war **Prinz Wilhelm Friedrich von Nassau-Dietz**, der im 17. Jahrhundert auch über Friesland, Groningen und Drenthe regierte. Ihm wurde 1648 gestattet, auf den mittelalterlichen Verteidigungsanlagen ein Sommerhaus und einen Garten anlegen zu lassen. 150 Jahre war der Prinsentuin nur der Adelsfamilie zugänglich. Ab 1795 durften sich jedoch auch die Leeuwarder im Prinsentuin aufhalten – und das tun sie noch immer gerne. Im Sommer treffen sich Studenten auf den Wiesen, junge Familien genießen im Café am Weiher (**De Koperen Tuin**) einen Kaffee in der Sonne und Musikfreunde erfreuen sich an den **Prinsentuinkonzerten**, die im schönen Musikpavillon gegeben werden und kostenlos zugänglich sind. Wann sie stattfinden, wird auf der Website www.prinsentuinconcerten.nl bekanntgegeben.

Auf einer Anhöhe des Prinsentuin steht der Tempel des **Pier Pander.** 1864 kam er als Sohn eines armen friesischen Schiffsmannes zur Welt. Schon früh fiel er durch seine fantasievollen Holzschnitzereien auf, was ihm zu einem Stipendium an der Universität Amsterdam verhalf. Als er 1885 den Prix de Rome für Bildhauerkunst gewann, wurde er von einer schweren Krankheit heimgesucht

◁ *Ein Tempel für fünf lebensgroße Marmorfiguren*

Leeuwarden entdecken

und benötigte lange Jahre, um wieder auf die Beine zu kommen. Danach entwickelte er sich in Rom zu einem gefeierten Künstler.

In den Niederlanden war er vor allem als Designer eines Porträts von Königin Wilhelmina bekannt, das eine Medaille zierte. Seinem Heimatland schenkte er die Skulpturen in dem kleinen **Tempel** im Prinsentuin. An den fünf lebensgroßen Figuren aus Carrara-Marmor arbeitete er acht Jahre, im Jahr 1904 waren sie fertig. Ausgeführt wurden sie vom italienischen Bildhauer Ernesto Gazzeri. Ursprünglich sollten sie im Amsterdamer Vondelpark stehen, doch seinem Freund Baron van Welderen Rengers ist es zu verdanken, dass sie nach dem Tod Pier Panders 1919 im Prinsentuin von Leeuwarden landeten, wo sie einen eigenen Tempel erhielten. Die fünf Skulpturen zeigen die Lebensphasen des Menschen: *Alba* (Morgen), *Gedachte* (Gedanken), *Gevoel* (Gefühl), *Moed* (Mut) und *Kracht* (Kraft). Früher war der ganze Tempel zugänglich, doch weil er des Öfteren beschädigt wurde, kann man den Tempel und die Figuren leider nur noch hinter einer Glaswand sehen.

Zum Pier-Pander-Tempel gehört auch ein kleines **Museum** im früheren Teehaus des Prinsentuins. Es wurde 1954 eröffnet und war damals das erste Museum der Niederlande, das einem Künstler gewidmet war (inzwischen gibt es auch das Van Gogh-Museum u.a.). In ihm sind Werke von Pier Pander zu sehen, die er der Stadt Leeuwarden vermachte.

› Prinsentuin 1B, https://historischcentrumleeuwarden.nl/pier-pander, geöffnet: Juni–Sept. Sa./So. 13–17 Uhr. Im Prinsentuin befindet sich eine öffentliche Toilette, die auch für Behinderte geeignet ist.

KURZ & KNAPP

Radelnd den Widerstand unterstützen
Die Skulptur „Fietsend Meisje" (Radelndes Mädchen, am Eingang des Prinsentuins) von Tineke Bot aus dem Jahr 1981 dient dem Gedenken an die Frauen, die den Widerstand während des Zweiten Weltkrieges gegen die Deutschen unterstützten. Sie überbrachten Nachrichten, versorgten untergetauchte Mitmenschen mit Vorräten und brachten abgeschossene Piloten der Alliierten in Sicherheit.

⓴ Keramiekmuseum Princessehof ★★★ [II B2]
Der Princessehof, ansässig im früheren Palast der Prinzessin Maria Louise von Hessen-Kassel, ist das Keramikmuseum der Niederlande schlechthin. Nirgendwo sonst im Land werden so wertvolle und einzigartige Stücke aus aller Welt gezeigt.

Keramik aus vielen Jahrhunderten und aus **Asien, Europa und Friesland** werden im Princessehof auf drei Ebenen präsentiert. Auch wertvolle, traditionelle Fliesen sind zu sehen, man denke dabei an die blau-weißen Kacheln aus den früheren Wohnzimmern der reichen Niederländer oder an die bunt gemusterten Fliesen in den Moscheen der Türkei und des Nahen Ostens. Eine Augenweide!

Das Museum hat sage und schreibe 35.000 Objekte in seinem Besitz, darunter die größte und facettenreichste **chinesische Porzellansammlung** in den Niederlanden, zu der auch das kaiserliche Porzellan gehört.

Moderne Keramikkunst wird ebenfalls gezeigt, erwähnenswert ist hier eine Skulptur von Karel Appel. Besonders spannend und überraschend sind die Werke zeitgenössischer Künstler, die im Dachgeschoss gezeigt werden. Diese Ausstellungen wechseln regelmäßig, zum Zuge kommen bekannte Künstler und Designer wie Anne Wenzel, Marcel Wanders, Piet Hein Eek, Kranen/Gille und Wieki Somers.

Das Keramikmuseum hat im **Stadtpalast von Maria Louise von Hessen-Kassel** ein Obdach gefunden, der Prinzessin von Oranien-Nassau und Vorfahrin des heutigen Königs Willem-Alexander. Sie wohnte hier von 1731 bis 1765, nachdem ihr Mann, der Statthalter Johan Wilhelm Friso, bei einem Sturm auf See ums Leben kam. Beide hatten einen kleinen Sohn, mit einem zweiten Kind war sie gerade schwanger. Da ihr Sohn die Amtsgeschäfte noch nicht übernehmen konnte, sprang sie für ihn ein.

In dem Palast aus dem 18. Jahrhundert ist noch ein original erhaltenes Zimmer der Prinzessin zu besichtigen. Es ist das frühere Esszimmer mit Blick auf den Lustgarten. Der Tisch ist – natürlich – mit feinstem Porzellan eingedeckt, an den Wänden befinden sich Behänge aus Leder mit Blattgold und die marmornen Türportale und Kaminsimse sind ... unecht. Wer genau hinsieht, kann entdecken, dass das marmorierte Muster aufgemalt ist. Grund war wohl nicht der Mangel an Geld, sondern eher die Tatsache, dass Holz wesentlich leichter ist als Marmor (man bedenke den weichen Untergrund der Gegend, den man nicht unterschätzen sollte, wie der Turm Oldehove ❼ zeigt).

In einem Teilbereich des Palastes wurde 1898 der spätere Künstler und Grafiker **M.C. Escher** geboren, dessen Vater Wasserbauingenieur in Leeuwarden war.

> **KURZ & KNAPP**
> **Muoike Meu: die liebe Tante**
> Maria Louise von Hessen-Kassel war bei der Bevölkerung sehr beliebt, vor allem bei den Kindern. Wenn sie in ihrer Kutsche oder Trage in Leeuwarden unterwegs war, hatte sie immer ein paar Bonbons dabei, die sie an die Kinder verteilte. Sie bekam daher den friesischen Spitznamen Muoike Meu („liebe Tante").

Empfehlenswert ist auch ein Abstecher in den **Museumsshop** (s. S. 104) und ins **Museumscafé**, in dem es neben ausgefallenen Teesorten auch Muffins und Kuchen der Bäckerei Salverda (s. S. 102) gibt. Im Sommer kann man draußen im Garten der Prinzessin sitzen.

> Grote Kerkstraat 11, geöffnet: Di.–So. 11–17 Uhr, Eintritt: Erw. 10 €, Kinder bis 12 Jahre frei, Jugendliche 8 €

㉑ Natuurmuseum Fryslân ★★ [II C2]

Staunen, tasten, hören, mitmachen – das Natuurmuseum ist ein überraschendes, spannendes und interaktives Museum, das zu Recht zum „besten kidsproof Museum Frieslands" ernannt wurde.

Ob man nun noch klein ist und die Welt entdecken möchte oder ob man schon ein paar Jahre auf dem Buckel hat – das Natuurmuseum überrascht auch alte Museumshasen, zum Beispiel in einem komplett abgedunkelten Raum, in dem verschiedene Tierfelle und -häute ertastet werden können. Oder wenn man den **Präparatoren** bei der Arbeit zusieht, die scheinbar aus nur ein paar Federn

> *Das alte Klassenzimmer im Waisenhaus*

wieder einen Kuckuck zusammensetzen. Ohne ihre Arbeit wäre das Museum nur halb so spannend, denn ihre Werke sind überall zu sehen: Da wäre der meterlange Pottwal, der auf Ameland angespült wurde und dessen Skelett im ersten Stock von der Decke baumelt. Oder die drei Seehunde in der Vitrine, der Löwe, die vielen Vögel, die Katze auf dem Sofa, der Affe neben dem alten Kapitän und, und, und. Apropos alter Kapitän: Der erzählt in seinem Schaukelstuhl von seinen Abenteuern auf See und von fernen Ländern, aus denen er viele „Schätze" mitbrachte. Die ausgestopften und in Formalin konservierten Tiere sind in „seinem" Kabinett in antiken Vitrinen zu sehen.

In der Ausstellung **Verwonderland** gibt es einiges über die Natur und unseren Körper zu entdecken: Kiefer von allerlei Tieren, verschiedene Albinos aus der Tierwelt und immer wieder wechselnde Themenbereiche der Biologie – allesamt so präsentiert, dass auch Erwachsene noch viel entdecken können. Im Dachgeschoss des Museums wird **Darwins Evolutionstheorie** vorgestellt. Wie in einer Zeitmaschine betritt man sein Arbeitszimmer und wird mit seinen Fragestellungen konfrontiert. Ein spannendes Abenteuer startet im April 2018: Während der **OnderWaterSafari** begeben sich Besucher auf die Suche nach den „Big Five" der niederländischen Unterwasserwelt: Otter, Biber, Wels, Seehund und Schweinswal, der wie ein Delfin aussieht. In einem Wagen sitzend, werden die „Safariteilnehmer" von den Süß- zu den Salzwasser-Gebieten des Wattenmeeres gefahren, wobei sie an vielen spannenden Pflanzen- und Tierwelten vorbeikommen.

Neben den naturhistorischen Themenbereichen gibt es im Museum noch etwas ganz anderes zu entdecken: ein Schulzimmer aus dem letzten Jahrhundert – mit Schreibpulten und Lesetafel. Es war das **Klassenzimmer des früheren Waisenhauses,** in dessen Gebäude das Museum heute untergebracht ist.

Nette Geste: Im überdachten **Innenhof des Museums** kann man eine Pause einlegen und sich gratis Kaffee und Tee holen. Zum Natuurmuseum gehört auch ein schöner **Museumsshop** mit Stofftieren, Hüpfbällen, Büchern und vielen weiteren Souvenirs und Spielsachen rund um Tiere und Pflanzen.

› Schoenmakersperk 2, www.natuurmuseumfryslan.nl, geöffnet: Di.–So. 11–17 Uhr, Eintritt: Erw. 9 €, Kinder 4–15 Jahre 6 €

㉒ Rund um die Grote Kerk (Jacobijnerkerk) ★★★ [II C2]

Wie ein Dorf in der Stadt: Im Schatten der großen Kirche spielen die Kinder der benachbarten Schule auf dem Rasen, zwei ältere Damen treffen sich zum Plausch vor dem Kirchentor und ein fröhlich pfeifender Radfahrer hoppelt über das Kopfsteinpflaster. Hier scheint die Zeit stillzustehen.

Die älteste Kirche von Leeuwarden wurde zwischen 1300 und 1500 errichtet. Viele gotische Elemente sind erkennbar, beispielsweise die Spitzbogenfenster an der Ostseite der Kirche. In den Anfangsjahren gehörte die Grote Kerk noch zu einem im Jahr 1245 gegründeten **Dominikanerkloster**, deren Brüder man auch Jakobiner nannte. Überreste der Klosterbauten und eines Kreuzgangs sind noch zu sehen, wenn man die Cafeteria bzw. den Tagungsraum neben der Kirche betritt.

Beim großen Stadtbrand im Jahr 1392 ging auch das **Kirchendach** in Flammen auf; der Bau eines neuen Dachs und die Errichtung von Seitenflügeln erfolgten in den nächsten Jahrhunderten. Seit 1580 ist die ehemals katholische Kirche in Händen der Protestanten, was auch zu Veränderungen im Kircheninneren führte: Die **Kanzel** zur Verkündigung von Gottes Wort wurde zum wichtigsten Kirchenelement. Ihr gegenüber befindet sich die hölzerne Empore der Statthalter (s. S. 72) – fast auf Augenhöhe mit der Kanzel, was den Status der hohen Herren widerspiegelt. Im Chorbereich befindet sich das **Grab von Anna von Oranien** aus dem Jahr 1591. Ihr Mann, Willem Lodewijk (Wilhelm Ludwig) von Nassau, ließ es zu ihren Ehren errichten. Für ihn selbst wurde nach seinem Tod ein **Grabmonument** an der Wand errichtet, das ihn kniend zwischen zwei Frauenfiguren zeigt, welche Standhaftigkeit und Vorsicht symbolisieren. Während des Aufstands im Jahr 1795 (s. S. 73) wurden sowohl das Monument als auch das Grab der Oranier verwüstet. Heute weist nur noch eine Zeichnung an der Wand auf das Monument hin.

Im **Grabkeller** der Grote Kerk liegen die sterblichen Überreste der Nassaus, der Vorgänger des heutigen niederländischen Königs Willem-Alexander, unter ihnen Maria Louise von Hessen-Kassel. Wer genau dort liegt, ist heute nicht mehr nachzuvollziehen, denn im Jahr 1795 gab es – nach französischem Vorbild – einen Volksaufstand in Leeuwarden. Wütende Bürger, „Patriotten" genannt, drangen in den Keller der Oranier ein,

◁ *Grote Kerk mit königlichem Grabkeller*

schändeten die Gräber und sollen gar mit den Schädeln Fußball gespielt haben. Daher liegen heutzutage alle Knochen und Schädel durcheinander gewürfelt in einem einzigen Sarg.

Die große **Orgel** mit 38 Registern stammt von dem berühmten Orgelbauer Christiaan Muller und wurde in den Jahren 1724–1727 angefertigt. Sie soll zu den wohlklingendsten Barockorgeln der Niederlande zählen.

Gegenüber der Grote Kerk steht die **Jüdische Schule**, in der ab 1941 die jüdischen Kinder Leeuwardens unterrichtet wurden (andere Schulen durften sie nicht besuchen). In den darauffolgenden Jahren leerten sich die Schulbänke zusehends, und ab März 1943 gab es in Leeuwarden keine jüdischen Schulkinder mehr. Von den im Jahr 1941 noch 665 Mitgliedern der jüdischen Gemeinde in Leeuwarden kehrten nach dem Zweiten Weltkrieg nur noch 55 in die friesische Stadt zurück. Über 400 von ihnen kamen in Konzentrationslagern wie Auschwitz und Sobibor um. „Het kind is er niet meer" („Kein Kind ist mehr da") steht in Hebräisch auf einem der Gedenksteine vor der Schule. Dieser Stein gehört zusammen mit der „**Klagemauer**" voller Textfragmente (darunter die Abwesenheitsliste der Schule) sowie der Steinsäule in Form einer Mesusa (Schriftbehälter am Türpfosten jüdischer Häuser) mit Davidstern zu einem Monument, das im Auftrag der Gemeinde von Kees van Renssen entworfen wurde. Auf der Rückseite der Säulen stehen die Namen derjenigen Straßen, die hauptsächlich von Juden bewohnt waren.

Ebenfalls am grünen Platz vor der Grote bzw. Jacobijnerkerk (Jacobijnerkerkhof 7) liegt etwas versteckt hinter einem Toreingang das **Boshuisen Gasthuis**. Es wurde von Anna van Eijsinga gestiftet, um armen älteren Damen Obdach zu gewähren. Solche „hofjes" finden sich in vielen niederländischen Städten, in Leeuwarden waren es über zehn. Im Boshuisen Gasthuis gab es 20 kleine Wohneinheiten, in denen Damen über 60, die sich sittsam zu verhalten hatten, ihren Lebensabend verbrachten. Sie durften hier kostenlos wohnen, bekamen etwas „Taschengeld" und im Winter etwas Torf zum Heizen. Noch immer wohnen in dem idyllischen hofje alleinstehende Frauen über 45 Jahre, allerdings wurden aus den klei-

---

KURZ & KNAPP

Kirchgang unter dem Orangenbaum

An der Westseite der Kirche ist ein kleines Eingangstor zu sehen, das früher den Oraniern als Zugangspforte diente, erkennbar am metallenen Orangenbäumchen über der Türe und dem königlichen Wappen. Von hier aus hatten die Adeligen einen besseren Zugang zum Grabkeller und zu ihren Sitzbänken. Nach dem Tod von Maria Louise im Jahr 1747 und der Übersiedlung der Oranier nach Den Haag wurde die Pforte ein paar Jahre lang nicht mehr genutzt, schließlich gab es in Leeuwarden keine Mitglieder des Königshauses mehr. Doch ein paar Jahre nach dem Tod von Maria Louise kamen ein paar Damen aus den besseren Kreisen Leeuwardens auf die glorreiche Idee, die Oranierpforte für sich selbst zu nutzen. Ihre Begründung: Vor dem Gottesdienst sei immer ein solch hohes Kutschenaufkommen vor der Kirche, dass bei so vielen Menschen und Pferden zwangsläufig gefährliche Situationen entstünden. Wäre es da nicht besser, den Damen einen sicheren Zugang über die Oranierpforte zu gewähren? Der Magistrat stimmte zu.

nen Wohneinheiten acht große Wohnungen gemacht. Man kann einen Blick in den Hof des Boshuisen Gasthuis werfen, allerdings sollte man die Privatsphäre der Bewohnerinnen respektieren. Dieses Gasthuis ist das einzige noch bestehende *hofje* in Leeuwarden. Und noch immer sitzen die Nachfahren der Anna van Eijsinga im Vorstand des Gasthuis.

› Bredeplaats 4, http://grotekerkleeuwarden.nl, Öffnungszeiten der Kirche: Mitte Sept.–Mai Sa. 13–16 Uhr, Juni–Mitte Sept. Di.–Sa. 11–16 Uhr

㉓ Museum De Grutterswinkel ★★ [II B2]

In diesem nostalgischen Tante-Emma-Laden taucht man in die eigene Kindheit ein, als man nach der Schule für ein paar Pfennige Bonbons kaufen konnte.

Lust auf Süßholz oder eine Lutschstange? Das gibt es hier, ganz altmodisch in Papier eingewickelt. Überhaupt ist in dem kleinen Laden nur wenig zu finden, was an die heutige Zeit erinnert. Selbst die Bedienung hat noch eine weiße Schürze um. Im früheren **Wohnzimmer** der Familie (das noch genauso wie anno dazumal aussieht) gibt es Kaffee oder Tee und dazu Oranjekoek (s. S. 101) oder Dúmkes (s. S. 101). Im Obergeschoss sieht man, wie die Einwohner früher wohnten: Sie schliefen im Alkoven, hatten ein einfaches, *húske* genanntes Plumpsklo (die Tonne wurde von einem Tonnenträger die steile Treppe hinabgetragen) und einen Raum zum Sitzen, denn die gute Stube im Erdgeschoss wurde nur am Sonntag und zu bestimmten Anlässen genutzt.

Teile des Gebäudes sind bis zu 400 Jahre alt, doch seitdem die Familie Feenstra hier 1901 einen **Kolonialwarenladen** eröffnete, blieb alles erhalten. Bis 1973 leiteten die Töchter der Familie den Krämerladen.

Tipp: Über einen Gang im hinteren Hausbereich gelangt man direkt in das Boomsma-Jenever-Museum (s. S. 102).

› Nieuwesteeg 5, www.museum-de-grutterswinkel.nl, geöffnet: Di.–Sa. 10–17 Uhr, Eintritt frei. Für die Themenausstellung im Obergeschoss werden 2 € Eintritt verlangt.

◰ *Süßes wie zu Omas Zeiten gibt's im Grutterswinkel*

Leeuwardens historische Grachten

In den Kanälen Leeuwardens schlug das Herz der Stadt: Sie dienten den Händlern der Umgebung als Zufahrtswege zum Markt. Heute laden traditionelle Prahmfähren zu einer Grachtenrundfahrt ein.

Die sternförmig angelegte Verteidigungsgracht namens Singel führt um die Innenstadt herum. Heute liegen hier hauptsächlich Freizeitboote vor Anker. Durch das Zentrum ziehen sich weitere Grachten, die als Versorgungswege fungierten: Voorstreek, Nieuwestad, Tuinen etc. Die Namen der benachbarten Straßen deuten noch darauf hin, was hier alles an Land kam bzw. gehandelt wurde: Groentemarkt (Gemüse), Peperstraat (Pfeffer), Wortelhaven (Karotten), Tweebaksmarkt (Zwieback) etc. Die über die Grachten führenden Brücken sind im Übrigen keine echten **Brücken,** dafür sind sie zu breit. Sie heißen pijpen („Pfeifen") und auf ihnen waren früher kleine Marktplätze angesiedelt. Praktisch, denn die Versorgung der Marktstände konnte somit direkt über die anliegenden Schiffe erfolgen. Von den Grachten zweigen Straßen ab, deren Namen die Richtung verraten: So führt die Overijsselselaan zur Herrschaft (heute Provinz) Overijssel und die Harlingerstraat nach Harlingen. In den alten **Grachtenkellern,** in denen früher u. a. Bierfässer gelagert wurden, befinden sich heute Restaurants mit einer kleinen Terrasse am Wasser wie das Onder de Kelders (s. S. 105).

▷ *Typisch für die Niederlande: weiße Holzzugbrücken*

Interessant ist die Gracht namens **Nieuwestad,** die im Mittelalter den Übergang der Altstadt zur Küste bildete. Auf der Nordseite der Gracht endete die Stadt, auf der Südseite begann die Küste. Als später der Küstenabschnitt trockengelegt wurde, hat man dort die „neue Stadt" angelegt. Übrigens fanden es die Grachten-Anwohner der Altstadtseite gar nicht schick, dass ihre Adresse auf einen alten Stadtteil hindeutete. Daraufhin durften sie auch ihre Grachtseite „Nieuwestad" (Neustadt) nennen.

An der Gracht **Voorstreek** [C2-D1] (Hausnummer 58) steht die Zentralapotheke (Centraal Apotheek), ein um 1905 errichtetes, gelbes Jugendstilgebäude mit einer Abbildung der Hygieia an der Fassade, der griechischen Göttin der Gesundheit.

Besonders schön sind die Grachten mit einem Rundfahrtboot (s. S. 116) zu entdecken (das sog. Praamvaren), das allerdings nur in den Sommermonaten seine Fahrt aufnimmt.

㉔ Sint-Bonifatiuskerk (St. Bonifatiuskirche) ★ [II D1]

Die römisch-katholische Kirche im Stil der Neogotik ist eines der Meisterwerke des berühmten niederländischen Architekten P. J. H. Cuypers, der auch das Rijksmuseum und den Hauptbahnhof in Amsterdam schuf.

Errichtet wurde das Gotteshaus zwischen 1882 und 1884 (in nur zwei Jahren!), da Leeuwarden hoffte, der Bischof von Groningen-Leeuwarden würde sich in der friesischen Hauptstadt niederlassen. Doch daraus wurde nichts, er zog Groningen vor. Das neben der Kirche errichtete Bischofshaus diente daraufhin als Krankenhaus.

Das Kircheninnere der dreischiffigen Kreuzbasilika beeindruckt mit Backstein-Spitzbögen, einer bunten Glasrosette im Chor, Bleiglasfenstern, Wandmalereien und zwei Orgeln, eine davon stammt vom französischen Orgelbauer Aristide Cavaillé-Coll.

› Bonifatiusplein 20, geöffnet:
So. 11–12.30 Uhr

KURZ & KNAPP

Flugzeugcrash am Kirchturm
Am 29. Dezember 1947 flog eine Douglas-Maschine mit zehn Passagieren und fünf Mann Besatzung von Schiphol nach Leeuwarden. Über der Stadt herrschte an jenem Tag äußerst schlechte Sicht. Bei der Landung übersah der Pilot den Kirchturm der St. Bonifatiuskirche und blieb mit dem Flügel daran hängen. Von diesem brach ein drei Meter langes Stück ab; das Flugzeug konnte dennoch sicher landen.

㉕ De Waag (Waaghaus) ★★ [II C3]

Jede Marktstadt hatte ein Waaghaus, das das Zentrum des Stadtgeschehens bildete, so auch Leeuwarden. Das schöne Gebäude beherbergte früher die Waagen, mit denen die Waren vor dem Handeln gewogen wurden.

Es wurde um 1590 im Renaissance-Stil neben der Gracht Nieuwestad errichtet. An Markttagen kamen die Boote der Händler von außerhalb durch ein über dem Kanal errichtetes Stadttor (das nachts geschlossen wurde) in die Innenstadt, um dort ihre Waren zu verkaufen: Getreide, Fleisch, Gemüse und Milchprodukte. Doch bevor die Produkte angeboten wurden, mussten die Händler in der Waag das Gewicht offiziell festlegen lassen. So konnten Schummeleien ausgeschlossen werden.

In Leeuwarden wurde hauptsächlich mit Milchprodukten und vor allem mit Butter gehandelt, weshalb das Waaggebäude auch als **Boterwaag** (Butterwaage) bekannt war.

◁ *Noch herrscht Ruhe: das Waaghaus am frühen Morgen*

Zwischen 1830 und 1860 sollen über 1657 Tonnen Butter, 226 Tonnen Käse und nur 24 Tonnen an anderen Gütern wie Fleisch und Gemüse auf der Stadtwaage gelandet sein. Bis 1880 war die Waag in Gebrauch, später wurden die Produkte am Beursplein gewogen. Das alte Waag-Gebäude hat eine neue Funktion gefunden: Zwischen historischen Mauern oder auf der Terrasse werden heute Kaffee und Bier ausgeschenkt (s. S. 106).

› Stadswaag, Nieuwestad 148, http://stadswaag.nl, geöffnet: Di.–Sa. 10–18, So. 12–18 Uhr

㉖ Fries Museum ★★★ [II B3]

Ein unerwartetes Vermächtnis machte diesen Neubau am Wilhelminaplein möglich. Das moderne Gebäude lockt mit Ausstellungen zur Geschichte Frieslands und mit Wechselausstellungen moderner Kunst oder zu friesischen Themen.

Das Fries Museum besteht seit 190 Jahren und hatte bereits in mehreren historischen Gebäuden seinen Sitz, darunter in der Kanselarij (s. S. 107). Als der friesische Architekt **Abe Bonnema** (er erbaute u. a. den Achmeatoren, s. S. 70) verstarb, hinterließ er 18 Millionen Euro für den Neubau eines friesischen Museums. Im Jahr 2013 wurde das moderne Gebäude mit der überstehenden Dachkonstruktion und der großen Glasfassade eingeweiht.

Das Museum macht seitdem immer wieder mit spektakulären Ausstellungen auf sich aufmerksam: Im Jahr 2016 wurde eine große Werkschau von **Lawrence Alma-Tadema** gezeigt, einem der berühmtesten Maler des 19. Jahrhunderts. Der in Friesland geborene Künstler hatte aufgrund seiner realistischen, an die Antike angelehnten Motive vor allem in England großen Erfolg. Im Herbst 2017 folgte eine Ausstellung über Mata Hari, Leeuwardens berühmteste Tochter (s. S. 92).

Das Jahr 2018 wird vor allem dem weltberühmten Künstler und Grafiker **M. C. Escher** gewidmet. Er kam ebenfalls in Leeuwarden zur Welt (1898 in der Grote Kerkstraat, in dem Gebäude, in dem heute das Keramikmuseum Princessehof ⑳ untergebracht ist) und wurde vor allem durch seine optischen Täuschungen bekannt. Da gibt es Treppen, die nach oben führen, aber unten zu enden scheinen, und Wasserläufe, bei denen nicht zu erkennen ist, ob sie nach oben oder unten fließen. Sehr bekannt sind auch seine Metamorphosen-Bilder, bei denen Vögel zu Fischen und Städte zu Menschen werden.

Neben diesen Wechselausstellungen laden auch diverse dauerhaft gezeigte Themenausstellungen aus der friesischen Geschichte zu einem Museumsbesuch ein. Dazu gehören die Entstehungsgeschichte der **Warften** sowie viele Exponate aus Friesland, die diverse Fragestellungen beleuchten: Wie sieht eine typisch friesische Frauentracht aus? Warum sind die Friesen die weltbesten Schlittschuhläufer? Was ist ein Memento Mori? Gab es in Friesland tatsächlich die Blutrache?

Sehr schön ist auch das **Hindelooper Zimmer** (Hindelooper Kamer), das speziell für eine Ausstellung im Jahr 1877 zusammengestellt wurde. Dazu wurden Einrichtungsgegenstände und Wohnaccessoires gesammelt, die typisch für die Häuser (der wohlhabenden Seefahrer) in der friesischen Stadt Hindeloopen waren: chinesisches Porzellan, bemalte Tische und Stühle, ein Alkoven, Wand-

Spionin aus Friesland: Mata Hari

Im Jahr 1876 wurde in Leeuwarden ein Mädchen geboren, das später weltberühmt werden sollte: Margaretha Geertruida Zelle. Als Tochter eines wohlhabenden Hutmachers verbrachte sie eine unbeschwerte und wohl auch etwas verwöhnte Kindheit. Welches sechsjährige Mädchen hatte schon das Glück, mit einer von Ziegen gezogenen Kinderkutsche durch die Straßen Leeuwardens zu fahren? Wie eine kleine Prinzessin sah Margaretha aus.

Als sie 15 Jahre alt war, meldete der Vater Insolvenz an, die Ehe der Eltern scheiterte und der Vater verließ die Familie. Kurz darauf starb ihre Mutter, und Margaretha ging nach Leiden, wo sie eine Ausbildung zur Kindergärtnerin absolvieren sollte. Doch diese Aufgabe lag ihr nicht im Geringsten und sie brach die Ausbildung ab. Durch eine Zeitungsannonce lernte sie den 20 Jahre älteren Offizier Rudolph MacLeod kennen, mit dem sie nach Indonesien ging. Das Paar bekam zwei Kinder, ein Mädchen und einen Jungen. In den fünf Jahren, in denen Margaretha auf Java und Sumatra lebte, lernte sie viel über die Sitten und Bräuche ihres Gastlandes; doch vor allem die exotischen Tänze der Einheimischen hatten es ihr angetan.

Aber ihr Glück in Indonesien war nicht von langer Dauer. 1899 starb ihr Sohn Norman John an den Folgen einer Vergiftung, auch ihre Ehe mit dem Offizier zerbrach. Margaretha verließ Mann und Tochter und reiste nach Paris. Dort versuchte sie ein Engagement an einem Theater zu bekommen, doch wegen ihres fehlenden Talents scheiterte ihr Vorhaben. Ohne Job besann sie sich der faszinierenden Tänze Indonesiens. Als sie bei einem Auftritt als Tempeltänzerin die Hüllen fallen ließ, kam ihre Karriere in Gang. Fortan nannte sie sich Mata Hari – und wurde zu einer der bekanntesten Frauen Europas. Sogar in der Mailänder Scala trat sie auf. Als der Erste Weltkrieg ausbrach, kam sie in Kontakt mit dem deutschen Geheimdienst, für den sie fortan arbeitete. Da sie über gute und umfangreiche Kontakte zur Männerwelt verfügte, fiel es ihr nicht schwer, über das Bettgeflüster an entsprechende Informationen zu gelangen. Auch der französische Geheimdienst interessierte sich nun für sie, weshalb sie in den Ruf einer Doppelspionin geriet. Im Jahr 1917 wurde sie im Bois de Vincennes von den Franzosen hingerichtet. Welche Folgen die Spionagetätigkeit Mata Haris für den Verlauf des Krieges hatte, wurde nie ganz geklärt.

Das Geburtshaus der Mata Hari steht in der Leeuwardener Innenstadt an der Straße De Kelders 33 auf dem Korfmakerspijp [II C2]. Eine Skulptur von Suze Boschma-Berkhout erinnert an die berühmte Tochter der Stadt, die jedoch nicht von allen Leeuwarder geliebt wird, denn wer will schon mit einer Doppelspionin in Verbindung gebracht werden?

Leeuwarden entdecken

fliesen in Delfter Blau und indische Stoffe. Dieses Zimmer wurde derart beliebt, dass es 1887 bei der Weltausstellung in Paris und später in vielen deutschen Städten als niederländisches Vorzeigezimmer ausgestellt wurde.

Ein Teilbereich des Fries Museums ist das **Fries Verzetsmuseum** („friesisches Widerstandsmuseum"). Es verdeutlicht, wie die niederländischen Friesen die Kriegsjahre 1940–1945 erlebten und wie viele von ihnen im Widerstand tätig waren.

Auf dem Platz vor dem Fries Museum befinden sich in den Boden eingelassene **Wasserfontänen**, die im Sommer vor allem Kindern viel Spaß bereiten (Wer kann hindurchrennen, ohne nass zu werden?). Gegenüber dem Museum steht das stattliche **Gerichtsgebäude** (Gerechtshof) im klassizistischen Stil mit korinthischen Säulen. Über dem Eingang hängt das niederländische Wappen mit dem Motto „Je maintiendrai" (Ich werde bewahren).

› Wilhelminaplein 92, www. friesmuseum.nl, Eintritt: 16 €, Kinder 4–17 Jahre 6,50 €, geöffnet: Di.–So. 11–17 Uhr

27 Museumhaven Leeuwarden ★★ [II B3]

An der Gracht namens Willemskade reiht sich ein historisches Schiff an das andere; einige von ihnen werden bewohnt, andere sind im Sommer als „Braune Flotte" auf der Nordsee unterwegs. In einem der Schiffe gibt es sogar ein Bed & Breakfast.

Rund 20 Traditionsschiffe sind am Kai der Willemskade hinter dem Fries Museum 26 vertäut. Am besten kann man sie im Winter bestaunen, denn im Sommer sind viele von ihnen auf dem Meer oder auf den Seen unterwegs. Man nennt diese traditionellen Boote auch „Braune Flotte", denn ihre braunen Segel wurden gegerbt, um Feuchtigkeit und Schimmel abzuhalten.

Die Auswahl an Schiffen im Museumshafen ist vielfältig: Die **Johanna Laetitia** ist eine Tjalk aus dem Jahr 1905, die noch seetauglich ist und als Hausboot genutzt wird. Ebenfalls ein Hausboot ist die **Vrouwe Jacoba**,

◠ *Das Hindelooper Zimmer (s. S. 91) hat es zu Weltruhm gebracht*

Leeuwarden entdecken

> **EXTRATIPP**
>
> **Mit Sicherheit eine gute Aussicht**
> Neben dem Museumshafen steht der 114 m hohe **Achmea-Toren** (Turm), der 2002 für die niederländische Versicherungsgesellschaft Achmea errichtet wurde. Von ganz oben hat man eine hervorragende Aussicht über Friesland. An jedem zweiten Samstag im Monat ist der Wolkenkratzer für die Öffentlichkeit zugänglich.

die 1881 erbaut wurde. Im Jahr 1924 sank sie während eines Sturms und wurde wieder geborgen.

Heute ist sie wieder hergerichtet und liegt stolz im Museumshafen vor Anker.

Leba III ist ein 18 Meter langer Motorschlepper aus dem Jahr 1938. Während des Zweiten Weltkrieges wurde die Leba nach Deutschland gebracht und später von Remmelt Visscher in Hamburg aufgespürt. Er brachte das Schiff nach Friesland, renovierte es und übergab es seinem Enkel, der lange Zeit mit seiner Familie auf dem Boot wohnte. Und so gibt es noch einige weitere Perlen der friesischen Schifffahrt an der Willemskade zu entdecken. Über jedes Schiff informiert eine Tafel – in niederländischer Sprache – über dessen Geschichte.

Eines der Schiffe, zu Füßen des großen Achmea-Turms, ist ein **Pannekoekschip** (Pfannkuchenschiff, s. S. 106), außerdem wurde eines der Schiffe in ein **Bed & Breakfast** umgewandelt (s. S. 121).
› Willemskade, www.museumhavenleeuwarden.nl, Zugang gratis

28 Blokhuispoort ★ [II C3]

Der Blokhuispoort ist ein historischer Gebäudekomplex, der bis 2007 als Gefängnis diente. Heute haben sich dort eine Bibliothek, diverse kleine Shops, zwei Restaurants und ein Hostel niedergelassen. In den früheren Zellen schläft man – inzwischen ganz freiwillig – hinter vergitterten Fenstern und schweren Eisentüren.

Das monumentale Gebäude wurde auf dem Gelände des früheren Zuchthauses der Stadt errichtet, das 1499 gebaut wurde und aus einer Ansammlung von Häusern am Stadtrand bestand, die von Grachten umgeben waren (sodass man nicht so leicht fliehen konnte). Im Laufe des 17. Jh. wurde das Zuchthaus immer wieder erweitert, brannte jedoch im November 1754 fast vollständig ab. Wieder aufgebaut, schien der neue Knast jedoch nicht sicher genug: 1868 gelang elf Häftlingen die Flucht. Der Bau, der in den Jahren 1870–1877 folgte, war daher noch größer, stattlicher und auch sicherer und verfügte über einen Innenhof und diverse Gebäudekomplexe. Fast 700 Männer, die zu Haftstrafen zwischen fünf Jahren und lebenslang verurteilt worden waren, saßen in den 180 Zellen ein. Seit 2007 dient der Blokhuispoort nicht mehr als Gefängnis, sondern als Hostel (s. S. 120), als Sitz kreativer Kleinunternehmer (die ihre Waren in den Zellen und im überdachten Innenhof verkaufen), als Obdach für zwei Restaurants (Bak und Proefverlof, s. S. 105 bzw. S. 108) sowie für eine Bibliothek.
› Blokhuisplein 40, www.blokhuispoort.frl. Jeden Samstag um 14 und 16 Uhr findet eine Führung mit einem früheren Gefängniswärter statt (je nach Sprachkenntnis des Wärters auch auf Deutsch oder Englisch).

Entdeckungen außerhalb des Zentrums

Rund um Leeuwarden trifft man auf die typisch friesische Landschaft: weites Land, Pferdekoppeln voller stolzer Friesen, vereinzelte Bauernhöfe und **kleine Dörfer**, von denen Mantgum, Hillard und Itens mit dem ansehnlichen Kirchturm, verziert mit einer weißen Holzbordüre, besonders schön sind. Auch Jorwert sticht heraus: Der bekannte niederländische Schriftsteller und Historiker Geert Mak schrieb ein Buch über das Dorf („Wie Gott verschwand aus Jorwert", s. S. 111), in dem er selbst eine Zeit lang wohnte, und der Fotograf Louis Meulstee veröffentlichte unter dem Titel „Dorpsgezichten" einen wunderschönen Bildband mit Schwarz-Weiß-Porträts der Dorfbewohner, immer in Kombination mit einem für sie typischen Gegenstand (oder Tier).

Man stößt auf dem Lande auf die **typisch friesischen Bauernhäuser**, die aufgrund ihrer Form auch „kophals-rompboerderij" („Kopf-Hals-Rumpfbauernhaus") genannt werden. In der großen Scheune mit Stall (Rumpf) war früher das Vieh untergebracht, dann folgte eine Art schmaleres und kleineres Zwischenhaus (Hals), in dem sich die Bauern für die Stallarbeit umzogen und in dem sich die Alkoven für die Stallknechte befanden. Vorne, zur Wegseite hin, stand das Wohnhaus (Kopf) mit einer zentralen Eingangstür und großen Fenstern. Das Wohnhaus war in die täglich genutzten Wohnräume und in ein sog. *opkamer* aufgeteilt, was man mit unserer „guten Stube" vergleichen kann. In diesem Zimmer wurden der Arzt, Pfarrer oder Notar empfangen.

In vielen Dörfern bildet eine Kirche das Zentrum. Manche der **Dorfkirchen** sind klein und romantisch, andere wiederum beeindruckend groß wie die Sint-Nicolaaskerk in Oostrum oder die gotische Martinikerk in Bolsward. Eine Kuriosität hält die Dorfkirche in Wieuwerd bereit: In ihrem Grabkeller liegen vier Leichen, die auf natürliche Weise mumifiziert sind. Auch ein kleines, romantisches **Schloss** ist in der Umgebung von Leeuwarden zu finden. In Marsum liegt das etwas verwunschen wirkende Poptaslot (Popta-Schloss) mit einem kleinen Park, das in den Sommermonaten auch von innen besichtigt werden kann. Im folgenden werden einige besonders interessante Ausflugsziele beschrieben.

㉙ Planetarium Franeker ★★★

Unser ganzes Sonnensystem in einem einzigen Schlafzimmer! Der Friese Eise Eisinga errichtete im 18. Jh. an seiner Zimmerdecke ein Planetarium – mit wandernden Planeten. Es ist das älteste funktionierende Planetarium der Welt.

Franeker ist ein zauberhaftes und ruhiges historisches Städtchen, in dem nicht viel los zu sein scheint. Dennoch pilgern jährlich viele Tausend Besucher nach Franeker. Sie haben ein Ziel: das sensationelle Planetarium von Eise Eisinga, das er an der Decke seines Wohn-/Schlafzimmers in einem schönen Grachtenhaus errichtete. Eise Eisinga war eigentlich Wollkämmer, allerdings mit einer großen Leidenschaft für Mathematik. Er besuchte neben seiner Arbeit auch Mathematikstunden an der Universität Franeker. Als am 8. Mai 1774 unter einigen Astronomen die Panik ausbrach, weil mehrere Planeten in einer Bahn stehen sollten und sie dadurch angeblich zusammenstoßen könnten, blieb Eise Eisinga ganz ruhig: Er wusste, dass dieses Szenario nicht eintreffen würde. Um auch seine Landsleute davon zu überzeugen, errichtete er in seinem Zimmer ein Planetarium. Seine Frau war nicht sehr begeistert und räumte ihm einen Zeitraum von sieben Jahren ein. Danach müsse Schluss sein mit diesem ungewöhnlichen Hobby. Eigenhändig stellte er 10.000 Nägel her und baute im Dachgeschoss über dem Schlafzimmer riesengroße Zahnräder, die von einer Pendeluhr angetrieben wurden und somit ein Räderwerk steuern konnten. Dieses Räderwerk wiederum bewegte die Planeten um die Sonne, die in Eisingas Schlafzimmer hing. Das Erstaunliche: Alle Planeten bewegen sich im gleichen Tempo wie in der Realität, Merkur braucht auch im Schlafzimmer 88 Tage und Saturn über 29 Jahre für eine Sonnenumkreisung. Und all das funktioniert heute noch genauso präzise wie 1781, als Eise Eisinga (nach genau sieben Jahren!) sein Planetarium vollendete.

Die Besucher des Grachtenhauses können heute das Schlafzimmer-Planetarium sowie das Räderwerk im Dachgeschoss bestaunen. Außerdem gibt es einen Film über Eise Eisinga (auch auf Deutsch) und astronomische Gerätschaften zu sehen.

❯ Eise Eisingastraat 3, Franeker, www.planetarium-friesland.nl/de, Eintritt: Erw. 5,25 €, Kinder 4–14 Jahre 4,50 €, geöffnet: Di.–Sa. 10–17, So. 13–17 Uhr (April–Oktober auch Mo. geöffnet)

❸⓪ Afsluitdijk (Abschlussdeich) ★★

Mit dem Auto geht es kilometerweit über einen Deich, der in jahrelanger Schufterei von Menschenhand geschaffen wurde. An der einen Seite liegt das Wattenmeer, an der anderen das IJsselmeer.

Pläne für den 32 Kilometer langen *Afsluitdijk* gab es schon im 17. Jahrhundert, als man die Notwendigkeit erkannte, einen Deich zum Schutz gegen das Meer zu bauen. Doch erst nach einem schweren Sturm im Jahr 1916, bei dem 16 Menschen ums Leben kamen, wurden die Pläne konkret. Die Arbeiten für dieses **Mam-**

mutprojekt begannen gleichzeitig auf nordholländischer und auf friesischer Seite. Gebaut wurde von 1927 bis 1933: 23 Mio. Kubikmeter Sand, 13 Mio. Kubikmeter Lehm, 1,5 Mio. Kubikmeter Naturstein, 16 Mio. Ziegelsteine und 18 Mio. Weidenbündel wurden für den Deichbau verwendet.

Besonders kompliziert wurde die Sache, als sich die Bautrupps von beiden Seiten der Mitte näherten. Weil sich das Meer aufgrund der Gezeiten quasi durch ein Nadelöhr zwängen musste, erhöhte sich die Strömung – und damit die Gefahr eines Deichbruches. Hinzu kamen **Pfahlwürmer**, die sich an den Weidenbündeln sattfraßen. Allen Widrigkeiten zum Trotz wurde am 28. Mai 1932 die Lücke abgedichtet und das Meer „abgeschlossen" (daher auch der Name Abschlussdeich).

Die frühere Meeresbucht namens Zuiderzee wurde zum **IJsselmeer** und zu einem Süßwassersee, der heute unter anderem der Trinkwasserversorgung dient und ein beliebtes Segelrevier ist. Zudem wurde im IJsselmeer mit der Errichtung des Noordoostpolders und der niederländischen Provinz Flevoland neues Land gewonnen. Am besten lässt sich der Afsluitdijk, der in den Jahren 2018–2022 renoviert werden soll, vom Aussichtsturm in der Mitte betrachten.

› Abschlussdeich, A7 vom nordholländischen Den Oever zum friesischen Zurich

◁ *Ein Bett unter'm Sternenhimmel: Planetarium Franeker* ㉙

㉛ Nationalpark De Alde Feanen ★★

Wer diese zauberhafte Seen- und Moorlandschaft heute zu Gesicht bekommt, kann sich kaum vorstellen, dass all das von Menschenhand geschaffen wurde. Nicht, um ein Freizeitgebiet für Ruhe suchende Städter in die Landschaft zu modellieren, sondern aus purem Überlebenswillen: De Alde Feanen sind alte Moore, in denen bereits ab dem 12. Jahrhundert Torf zum Heizen abgegraben wurde.

Bis 1900 wurde hier Torf gewonnen – und so entstanden lange und breite Gräben, die heute mit Wasser geflutet sind. Tief ist das Wasser nicht, an vielen Stellen kann man stehen. Dass dennoch Schiffe über die Kanäle und Wasserflächen fahren können, liegt an ihrer besonderen Bauart: Es sind **Skûtsjes**. Diese bis zu 20 Meter langen Plattbodenschiffe mit zwei seitlichen Schwertern haben nur wenig Tiefgang, weshalb sie weit in die Wassergräben hineinfahren können. Auf ihnen wurde früher der abgetragene Torf, aber auch Erde, Kartoffeln, Mist und andere Güter transportiert. Heute dienen die rund 1000 historischen *skûtjses* als Freizeit-, Regatta- und Wohnboote. Jedes Jahr im August treten die *skûtjses* während des sog. Skûtsjesilen gegeneinander an.

Dieser für Friesland typischen Schiffsform wurde in **Eernewoude** (friesisch Earnewâld) sogar ein eigenes Museum gewidmet, das Skûtsjemuseum. Hier findet man neben Informationen und Abbildungen auch eine alte Schmiede, Schiffsmodelle und Zubehör. Besonders schön und interessant ist es, sich selbst einmal in eine Kajüte zu setzen. Kaum zu glauben, dass auf so kleinem Raum früher eine ganze Familie lebte! Eine besondere Rarität ist die Æbelina, ein komplett aus Eichenholz errichtetes *skûtsje*, ein Nachbau der im Jahr 1861 errichteten Ebelina. Wer gerne mitsegeln möchte, der hat dazu einmal pro Woche die Möglichkeit. Fahrten werden vom Skûtsjemuseum organisiert.

● **103 Skûtsjemuseum**, De Stripe 12, Earnewâld, Tel. 06 16933805, www.skutsjemuseum.nl, geöffnet: Mai–Sept. Sa./So. 13–17, Di. 10–12 Uhr, Juli/Aug. Di.–So. 13–17 Uhr, Eintritt: Erw. 3 €, Kinder bis 12 Jahre 1 €

Nahe dem Skûtsjemuseum verleiht der **Bootverhuur Eernewoude** Segel-, Motor- und Hausboote, mit denen man die Alde Feanen vom Wasser aus erkunden kann. In den Niederlanden braucht man dafür keinen Bootsführerschein. Es lohnt sich, denn in dem 2300 Hektar großen Gebiet sind 450 Pflanzensorten und 100 verschiedene Vogelarten, die sich zum Brüten hier niederlassen, zu entdecken. Ein besonderes Erlebnis ist die Nachtfahrt. Bootsmann Ulbe Postma nimmt einen zwei Stunden lang mit auf das dunkle Wasser und gibt dabei seine – teils gruseligen – Geschichten zum Besten.

● **104 Bootverhuur (Bootsverleih) Eernewoude**, De Stripe 22, Earnewâld, Tel. 0511 539215, www.aldefeanen.com

Praktische Reisetipps Leeuwarden

An- und Weiterreise

Mit dem Flugzeug

Der nächstgelegene niederländische Flughafen ist Amsterdam Schiphol. Von dort fährt jede Stunde ein Intercity-Zug (ohne Umstieg) nach Leeuwarden. Die Fahrtzeit beträgt 2 Stunden und 17 Minuten. Amsterdam wird von Deutschland aus von vielen Fluggesellschaften angeflogen, darunter auch von günstigen Anbietern wie Transavia oder Easyjet.

Mit dem Auto

Leeuwarden ist aus südlicher Richtung über die Autobahn A32 erreichbar (von Zwolle kommend) oder aus östlicher Richtung über die E22 und dann die Landstraße N31 (von Groningen aus).

Mit dem Zug

Etwas über zwei Stunden benötigt man für die Strecke Amsterdam-Leeuwarden mit dem Zug. Vier Stunden sind es von Düsseldorf aus, mit einem Umstieg in Utrecht. Zwischen Leeuwarden und Groningen besteht – mehrmals pro Stunde – eine direkte Bahnverbindung. Wenn man den *sneltrein* nimmt, ist man etwas über eine halbe Stunde unterwegs, mit dem *stoptrein* dauert die Fahrt rund 50 Minuten. Der *stoptrein* heißt deshalb so, weil er „an jedem Gartenzaun" stoppt.

◁ *Tausende von Uferschnepfen treffen im Frühjahr in den Alde Feanen* **31** *ein*

Mit dem Boot

Der kleine Hafen am Singel, einen Steinwurf vom schiefen Turm Oldehove ⓱ und dem Zentrum entfernt, gilt als schönster Binnenhafen der Niederlande. Vom Boot aus fällt der Blick auf den idyllischen Park Prinsentuin ⓳. Gästen stehen 40 Anlegeplätze zur Verfügung. Der Hafen ist über die **Staande Mastroute** (Route mit stehendem Mast durch die Niederlande) erreichbar. Es gibt Stromanschlüsse, Duschen und Toiletten.

- **105** Haven Leeuwarden, N53.19869 E05.82823, Tel. 058 2125759, http://leeuwarderjachthaven.nl, Tarife: 1,05 € pro Meter Schiffslänge und Tag, Strom 220V: 2,50 €, Dusche 1 €, Fahrradverleih 5 € pro Rad und Tag

Autofahren

Leeuwarden hat ein historisches Zentrum mit vielen schmalen Straßen und vereinzelten Grachten, was ein Durchkommen mit dem Auto nicht leicht macht. Hinzu kommt, dass der Kern der Stadt zur Fußgängerzone ernannt wurde. Die Stadtverwaltung hat daher eine **Ringstraße** eingerichtet, die weit um die historische Altstadt herumführt. Hinzu kommt eine Park-Route (P-Route), die Besucher zu öffentlichen Garagen leitet.

Man lässt also das Auto am besten in einer dieser **Parkgaragen** stehen, die sich nahe der wichtigsten Sehenswürdigkeiten befinden. So wurde beispielsweise unter dem Platz vor dem „schiefen Turm von Leeuwarden" ⓱ eine große Tiefgarage gebaut (s. S. 100).

Auch am Straßenrand gibt es Parkplätze mit Bezahlautomat *(betaald parkeren)*. Die meisten Niederländer haben inzwischen eine App auf ihrem Smartphone, über die sie die Bezahlung regeln (z. B. Yellowbrick). Es gibt aber auch noch Parkautomaten, an denen man sich eine Karte ziehen kann. Die Parkdauer beträgt zwischen einer und drei Stunden, es gelten Tarife zwischen 1,60 und 2,80 €/Stunde. Bitte beachten: Bezahlt wird in der Regel nicht mehr mit Bargeld.

Historische Boote stehen bei Freizeitseglern hoch im Kurs

Tiefgaragen

106 [II D1] **Parkeergarage Hoeksterend**, Hoeksterpad 3, Einfahrtshöhe max. 2,10 m, geöffnet: Mo.–Sa. 7–22, So. 10–19 Uhr, an Feiertagen geschlossen, Kosten: max. 3,50 €/Tag, Sa./So. max. 6 €/Tag. Am nördlichen Stadtrand.

107 [II C4] **Parkeergarage Klanderij**, Posthoornsteeg 40, Einfahrtshöhe max. 2 m, geöffnet: Mo.–Sa. 7–19 (Do. bis 22), am letzten So. im Monat 10–18 Uhr, ansonsten an Sonn- und Feiertagen geschlossen, Kosten: max. 6 €/Tag. Nahe Blokhuispoort.

108 [II A2] **Parkeergarage Oldehove**, Oldehoofsterkerkhof 3, Einfahrtshöhe max. 2,20 m, geöffnet: Mo.–Sa. 7–22, So. 10–18 Uhr, an Feiertagen geschlossen, Kosten: max. 8,80 €/Tag

109 [II C3] **Parkeergarage Zaailand**, Zaailand 5, Einfahrtshöhe max. 2,10 m, geöffnet: tägl. 24 Std., auch an Sonn- und Feiertagen, Kosten: max. 8,80 €/Tag. Neben dem Fries Museum **26**.

Park & Ride

Einer der Park-&-Ride-Plätze Leeuwardens (Wijnhornsterstraat) befindet sich hinter dem Bahnhof, ist also gar nicht so weit von der Altstadt entfernt (rund eine Viertelstunde zu Fuß). Dennoch kann man hier bequem das Auto stehenlassen und mit dem Bus ins Zentrum fahren. Die anderen beiden Plätze liegen etwas weiter vom Zentrum entfernt.

110 P+R **Transferium Kalverdijkje**, Stadtring Ost, geöffnet: tägl. 24 Std., auch an Sonn- und Feiertagen, Kosten: gratis. Fahrt mit dem Bus Linie 3 nach Leeuwarden.

111 P+R **Wijnhornsterstraat**, Wijnhornsterstraat, über 250 Parkplätze, Einfahrtshöhe max. 2,10 m, geöffnet: tägl. 24 Std., auch an Sonn- und Feiertagen, Kosten: max. 5,45 €/Tag, Stundentarif 0,95 €

112 P+R **WTC Expo**, Heliconweg 52, Platz für 3200 Autos, geöffnet: tägl. 24 Std., auch an Sonn- und Feiertagen, Kosten: 4 €/Tag, zwei Aufladestationen für Elektroautos. Fahrt mit den Buslinien 70, 71 oder 97 ins Zentrum. Bezahlt werden kann nur mit EC- oder Kreditkarte, nicht mit Bargeld. Auch für Wohnmobile geeignet.

Parkplätze für Wohnmobile

› P+R **WTC Expo**, Heliconweg 52 (s. o.)

113 [II C1] **Parking Prinsentuin**, Wissesdwinger 1, Tel. 0582338888, Platz für zwei Wohnmobile, Kosten: 6,50 €, Wasser 1 €, Strom gratis. Dusche/Toilette im Hafengebäude (geschlossen von November bis März), Max. Länge: 7 m, max. Standzeit 48 Stunden

Barrierefreies Reisen

Mensen met een beperking („Menschen mit einer Einschränkung") wird in den Niederlanden das Reisen bzw. der Städtebesuch so angenehm wie möglich gemacht. In der Regel sind daher **Gehsteige** an den Ampeln für Rollstuhlfahrer abgesenkt und für Blinde geben die Ampeln Signaltöne bei Grün ab.

Wer in einem Rollstuhl per **Zug** nach Leeuwarden reist, der wird den Bahnsteig beim Aussteigen auf gleicher Höhe wie die Zugtüre vorfinden. Auch die meisten **Busse** des Anbieters Arriva haben einen barrierefreien Zugang in Form eines niedrigen Bodens ohne Stufen. Für Reisende, die schlecht zu Fuß sind, gibt es separate Sitzplätze.

Was die **Museen** betrifft: Das Natuurmuseum Leeuwarden **21**, das Historisch Centrum **18**, das Keramiekmuseum **20** und das Fries Museum **26** sind für Besucher in einem **Rollstuhl** zugänglich. Es gibt in den

Museen rollstuhlzugängliche **Toiletten**, genau wie in der öffentlichen Parkanlage Prinsentuin ⓲, Groeneweg. **Hotel-Tipp:** Im Alibi-Hostel (im Gefängnis Blokhuispoort, s. S. 120) gibt es eine barrierefreie „Zelle" mit Bad.

Über die Stadt verteilt gibt es spezielle **Behindertenparkplätze**. Bitte beachten: Man muss dort auch dann Parkgebühren bezahlen, wenn man einen Behindertenausweis besitzt.

Einkaufen

Shopping-Areale

Gleich zwei „Kirchenstraßen" gibt es in Leeuwarden: Die Grote und die Kleine Kerkstraat. Zum Shoppen ist die zweite interessanter, sie wurde gar zur schönsten Einkaufsstraße („winkelstraat") der Niederlande gewählt. Die **Kleine Kerkstraat** [II B2] lockt mit kleinen, individuellen Shops wie Designgeschäften, Blumenladen, einer friesischen Bäckerei und dem Käsegeschäft Zuivelhoeve (s. S. 103).

An der **Ecke Nieuwestad/Wirdumerdijk** [II C3] finden sich niederländische und internationale Einzelhandelsketten wie Hema (sehr beliebt bei den Niederländern), Etos (Kosmetik), Blokker (Haushaltswaren) sowie die Modegeschäfte H&M, Zara, We und Vila. Das *winkelcentrum* (Einkaufszentrum) **Zaailand** ist eine überdachte Einkaufspassage in der Innenstadt nahe dem Fries Museum ⓳, in dem auch überraschende Design-, Kunst- und Vintage-Geschäfte wie Hardwerk & Fogeltje (s. S. 104) zu finden sind. Daran angrenzend liegt die Einkaufsstraße **Ruiterskwartier** [II A–C3] mit einigen Modeboutiquen.

Eine wunderbar alte Straße mit schönen Giebelhäusern ist die **Sint Jacobstraat**. Weil hier früher das Finanzamt angesiedelt war, gegenüber dem wiederum der teuerste Geflügelhändler der Stadt sein Geschäft hatte, nannte man die Straße *„dubbele plukstraat"*, hier muss man also gleich doppelt Federn lassen. Heute laden in den Altbauten kleine individuelle Geschäfte zum Shoppen ein.

Ebenfalls individuell sind die Mini-Shops, die sich im früheren Gefängnis, im **Blokhuispoort** ⓴, angesiedelt haben. In den ausgedienten Zellen werden Schmuck, Design und biologisch produzierte Lebensmittel auf kleinster Fläche verkauft. Außerdem haben dort Künstler, Fotografen, ein Friseur und ein Tattoo-Studio ihren Sitz.

Friesische Produkte

Was ist nun typisch friesisch? In erster Linie sind das süße Köstlichkeiten. Dazu gehören *zuikerbrood* (Zuckerbrot), Dúmkes und **Oranjekoek**. Letzterer ist ein – etwas trockener – Kuchen mit Mandelfüllung und einer Verzierung aus Buttercreme, die bei jedem Konditor anders ist. Der Name des Oranjekoek stammt nicht von der Farbe Orange (*oranje* im Niederländischen), sondern von zugefügten Orangeschalen. **Dúmkes** ist das friesische Wort für Daumen. Mit dem Daumen nämlich wurden diese Mandel-Anis-Kekse in Form gebracht. **Zuikerbrood** (Zuckerbrot) ist luftig gebackenes Weißbrot mit Zuckerstücken. Es wird traditionell mit (viel) Butter gegessen.

Im Reich der Spirituosen trumpft Friesland mit dem Kräuterbitter namens **Beerenburg** auf. Jede Stadt hat ihre eigene Marke: Weduwe Joustra Beerenburg kommt aus Sneek; aus Leeuwarden kennt man Boomsma, dessen Beerenburg „Beerenburger" genannt wird. Diese Getränke sind in Leeuwarden auch in den großen Spirituosengeschäften erhältlich. In dem kleinen Laden mit Mini-Museum im Zentrum von Leeuwarden ㉓ wird der Boomsma Beerenburger in der traditionellen blau-weißen Tonflasche verkauft. Ein schönes Mitbringsel! Wie in vielen anderen Teilen der Niederlande haben sich auch in Friesland die kleinen **Brauereien** zum Trend entwickelt. In Leeuwarden gibt es die Marke Grutte Pier, in Bolsward Us Heit, in Dokkum die Brauerei Bonifatius und in Sneek Meerpael. Eine große Auswahl an friesischen Bieren ist bei Priuw (s. rechts) erhältlich.

Geschäfte mit friesischen Delikatessen

🛍 **114** [II B2] **Banketbakkerij (Konditorei) Salverda**, Kleine Kerkstraat 34, www.salverda-banket.nl, geöffnet: Di.–Sa. 9–18 Uhr. Der Oranjekoek ist eine echte friesische Spezialität und besonders gut schmeckt er bei Salverda.

🛍 **115** [II B2] **Boomsma-Geschäft und -Museum**, Bagijnestraat 42a, www.boomsma.frl, geöffnet: Jan.–März Di.–Do. 12–17, Fr./Sa. 10–17 Uhr, April–Dez. Di.–Sa. 10–17 Uhr. Das (kostenlos zugängliche) Museum ist klein und besteht aus ein paar historischen Destillierapparaturen sowie einem Film über das Unternehmen Boomsma. Der Familienbetrieb stellt seit 130 Jahren den Kräuterbitter Beerenburger sowie Jenever her, inzwischen sind Wodka, Whisky und Liköre hinzugekommen. Für ein paar Euro kann man sich in der urgemütlichen Probierstube hinter dem Museumsbereich Hochprozentiges schmecken lassen und sich dann mit entsprechendem Vorrat für zu Hause eindecken.

🛍 **116** [II B2] **House of Taste**, Kleine Kerkstraat 36, www.houseoftaste.nl, geöffnet: Mo. 12–18, Di.–Fr. 10–18 (Do. bis 21), Sa. 10–17 Uhr. Alles, was schmeckt, verkauft Jan-Tjip Douwstra in seinem Laden. Die Palette reicht von luftgetrockneter Wurst aus Friesland über regionale Biere bis hin zu Delikatessen aus mediterranen Ländern.

🛍 **117** [II C3] **Priuw**, Nieuwe Oosterstraat 6, www.priuw.nl, geöffnet: Di.–Sa. 12–18, So. 13–17 Uhr. Hielkje van der Molen gewann mit ihrem kleinen Laden Priuw bereits den Preis als *leukste winkel* („nettester Laden") der Niederlande. Tatsächlich sind Auswahl und Präsentation der friesischen Produkte außerordentlich gelungen. Groß ist das Angebot an Regi-

onalbieren wie Bonifatius, Koningshert, Us Heit, Cambier und Grutte Pier. Mit leeren Händen geht hier keiner raus.

118 [II B2] **Zuivelhoeve**, Kleine Kerkstraat 23, www.zuivelhoeve-leeuwarden.nl, geöffnet: Mo. 11–18, Di.–Fr. 9–18 (Do. bis 21), Sa. 9–17, So. 12–17 Uhr. Käselaibe stapeln sich bis zur Decke, es duftet nach französischem Brie und luftgetrocknete Wurst, Oliven und Nüsse füllen die Theke, es gibt Leeuwardener Bier und friesischen Beerenburg (s. S. 101). Besonders beliebt sind die Käsesorten Tynjetaler und Riperkrite aus der Umgebung Leeuwardens von der Käsebäuerin Hendrika de Jong aus Tynje.

Kaufhäuser

119 [II B3] **Hema**, Nieuwestad 126, www.hema.nl, geöffnet: Mo.–Sa. 9–18, Do. bis 21, So. 12–17 Uhr. Die Niederländer lieben das Kaufhaus Hema. Kein Wunder, denn dort gibt es gute Qualität und modernes Design zum kleinen Preis. Von der berühmten Hema-Rauchwurst über Bio-Babystrampler und Schreibwaren bis zu Geschenken, Kleidung und Kosmetik. Man findet wenig Auswahl einer bestimmten Produktsorte, doch dafür gibt es (fast) alles.

Design, Schmuck und Geschenke

120 [II B2] **Atelier CC**, Grote Kerkstraat 20, www.praderwillihuis.nl, in der Regel nachmittags geöffnet. „Besondere Produkte von besonderen Menschen" so lautet das Motto des Atelier CC. In der Grote Kerkstraat haben junge Menschen mit Prader-Willi-Syndrom ihren Arbeitsplatz und einen kleinen Laden, in dem sie ihre Werke verkaufen: selbstgemachte Karten, Kränze, Kunstobjekte und Geschenkartikel. Es gibt auch günstige Baby- und Kinderkleidung. Man merkt den jungen Leuten ihre Begeisterung an, denn man wird sehr nett beraten.

121 [II B2] **Binnenwerk**, Grote Kerkstraat 12, www.binnenwerk.nl, geöffnet: Di.–Fr. 10–17.30, Sa. 10–17 Uhr. Gegenüber vom Keramikmuseum steht ein monumentales Gebäude, in dem Designstücke, Möbel und Wohnaccessoires der Marken Alessi, Gelderland, Rijksmuseum Collectie, Dutch Originals, Arco etc. verkauft werden. Typisch Leeuwarden: Ein Metall-Kaffeelöffel mit Oldehove-Motiv.

122 [II B2] **Eric Steenbergen Designwinkel**, Kleine Kerkstraat 20, www.ericsteenbergen.nl, geöffnet: Mo. 13–18, Di.–Fr. 10–18 (Do. bis 21), Sa. 10–17, So. 13–17 Uhr. Design aus aller Welt: Iittala-Geschirr aus Finnland, Artemide-Lampen aus Italien, Mondaine-Uhren aus der Schweiz und natürlich niederländische Designobjekte wie Lampen von Fatboy, Trinkflaschen von Dopper und die praktischen Kreditkarten-Etuis von Secrid gibt es bei Steenbergen. Aus Friesland stammt der Schmuck von Jet Mous, u. a. auffällige Ketten aus Plastikkugeln.

123 [II B2] **Fleurons & Prins**, Grote Kerkstraat 10, www.fleuronsenprins.nl, geöffnet: Di.–Fr. 10–17.30, Sa. 10–17 Uhr. Nahe des Princessehof befindet sich dieser exklusive Juwelier. Die schmale Fassade täuscht: Das Geschäft zieht sich ein ganzes Stück in die Länge und überrascht mit ausgefallenen Schmuckstücken zwischen rosafarbenen Wänden. Man findet Rolex-Uhren ebenso wie exklusive Duftlampen von Berger und Edelstein-Ohrringe von Königin Máxima, eine Kreation der Niederländerin Renée Arnold.

◁ *Hielkje und ihr preisgekrönter Laden Priuw*

🛍️**124** [II C3] **Hardwerk & Fogeltje,** Zaailand 113, geöffnet: Di.–Sa. 11–18 (Do. bis 21), So. 12–17 Uhr. Es macht viel Spaß, zwischen den alten Möbeln, Industrielampen, Schaukelpferden, Schallplatten, ausgedienten Gläsern, Grünpflanzen und ausgestopften Vögeln herumzustöbern. Lieuwe Kolk und seine Schwester Itske haben den Laden nach dem Spitznamen ihrer Mutter benannt: Fogeltje. Ihre Suche nach ausgefallenen Vintage-Möbeln führt sie regelmäßig nach Polen und Frankreich.

› **Museumsshop Princessehof,** Grote Kerkstraat 11, geöffnet: Di.–So. 11–17 Uhr. Für eine Vase aus echtem Delfter Blau oder ein paar blau-weiße Fliesen aus Friesland ist im Gepäck sicher noch Platz. Der große Museumsladen ist ein Magnet für alle, die sich gerne mit schönen Dingen umgeben.

🛍️**125** [II C2] **Pjut,** Bredeplaats 1, http://pjut.nl, geöffnet: Do./Fr. 13–18, Sa. 10–17 Uhr. Unter dem Motto *„fries & vrolijk"* verkauft Inge Adema am Platz neben der Jacobijnerkerk Kinderkleidung und Accessoires, die fröhlich stimmen. Am besten hat man selbst eine ganze Kinderschar zu Hause oder im Freundeskreis, die man hier mit allerlei schönen Dingen ausstatten kann: Sportbeutel mit Prinzessinnen-Antlitz, Shirts mit Traktoren, Spieluhren mit Leuchtturm, Teetassen mit Segelbooten. Übrigens: „Pjut" ist friesisch und heißt soviel wie „Knirps".

Mode

🛍️**126** [II C3] **Fiftysix,** Wirdumerdijk 45, www.fiftysix.nl, geöffnet: Mo. 12–18, Di.–Sa. 9.30–18 (Do. bis 21), So. 12–17 Uhr. Aufmarsch der Trendmarken in Leeuwarden: G-Star Raw, Diesel, Woolrich, Superdry, Scotch and Soda, Goosecraft, Parajumpers, PME Legend, Calvin Klein und Nubikk.

🛍️**127** [II C1] **Madelief,** Vijzelstraat 17, www.madeliefsite.nl, geöffnet: Mi.–Fr. 10–16, Sa. 12–17 Uhr. Hippe Secondhandkleidung von Qualitätsmarken in einem schönen Ambiente. Ergänzt wird die Modekollektion durch Schuhe, Taschen und Wohnaccessoires.

🛍️**128** [II B3] **Man of the World,** Nieuwestad 73, www.manoftheworld.nl, geöffnet: Mo. 13–18, Di.–Fr. 9.30–18 (Do. bis 21), Sa. 9.30–17 Uhr. Lässig gekleidet zur Arbeit: Die Männermode von Man of the World ist schick und stylish. Mit Hosen von Mac, (bügelfreien) Hemden von Olymp und Pullis von BlueFields ist Mann gut angezogen. Nette Geste: Frauen können auch dem Sofa Platz nehmen und bekommen während des Wartens einen Cappuccino und eine Praline.

🛍️**129** [II C2] **NY-NA,** Sint Jacobsstraat 11, http://ny-na.webklik.nl, geöffnet: Di.–Fr. 10.30–18 (Do. bis 21), Sa. 10.30–17 Uhr. In einem der schönsten historischen Häuser der Altstadt hat sich ein Laden niedergelassen, der durch sein farbenfrohes Sortiment auffällt. „Hauptsache bunt" – das scheint das Motto zu sein. Und so gibt es Kleider, Geschirr, Ketten, Wohnaccessoires und Bilder in knalligen Farben. Über allem hängt der Duft von Räucherstäbchen.

Spiele und Kinderkleidung

🛍️**130** [II C3] **De Spellekijn,** Peperstraat 12, www.spellekijn.nl, geöffnet: Mo. 13–18, Di.–Fr. 10–18, Do. bis 21, Sa. 10–17, So. 13–17 Uhr. Im größten Spiele-Fachgeschäft Frieslands gibt es neben unzähligen Brett- und Gesellschaftsspielen (es sollen 15.000 sein) auch Puzzles und Spielsachen für die Kleinsten.

🛍️**131** [II C3] **Nyn,** Nieuwestad 121, http://nynstyles.nl, bei Redaktionsschluss standen leider noch keine genauen Öffnungszeiten fest. Fantastische skandinavische und niederländische Kindermode von Marken wie u. a. Small Rags, Mini Rodini, Molo, Noppies und Bobo choses.

Bücher und Zeitschriften

🔴**132** [II B2] **De Afúk,** Bûterhoeke 3, http://afuk.frl, geöffnet: Mo.–Fr. 9.30–17.30, Sa. 10.30–17 Uhr. Bücher und Geschenke in friesischer Sprache.

🔴**133** [II C2] **De Lektuurhal,** Over de Kelders 10, geöffnet: Mo. 9–18, Di.–Fr. 8.30–18, Do. bis 21, Sa. 8.30–17 Uhr. In dem Zeitschriftenladen im Zentrum werden auch deutschsprachige Zeitungen wie DIE ZEIT, Welt und Bild und Zeitschriften verkauft.

Essen und Trinken

Regionale Küche

› **Café de Bak** €, Blokhuisplein 40, www.blokhuispoort.frl/cafe-de-bak, geöffnet: Mo.–Mi. 10–17, Do./Fr. 10–23, Sa. 9–17 Uhr. Das Café de Bak ist im „bak" (umgangssprachlich für Gefängnis), im Blokhuispoort ㉘, ansässig. Hier kann man „gezellig zitten" und die köstlichen Biere der Brauerei Maallust genießen, die im Gefängnis von Veenhuizen gebraut werden. Am Freitag gibt es den VrijMiBo, den VrijdagMiddagBorrel, einen Umtrunk *(borrel)* nach Dienstschluss.

📍**134** [II C2] **De Walrus** €€, Gouverneursplein 37, www.dewalrusleeuwarden.nl, geöffnet: tägl. 11–1 Uhr. Große Terrasse mit Tischfeuer, die derzeit in den Niederlanden sehr im Trend sind. Auch drinnen in der guten Stube ist es gemütlich, dank der Inneneinrichtung mit viel Holz. Was gibt's zu essen? *Broodjes* (belegte Brote) zu Mittag, und abends Spareribs, Hähnchenbrust, Steak und den beliebten „Walrus"-Burger.

📍**135** [II B3] **Het Wapen van Leeuwarden** €€, Zaailand 92, www.hetwapenvanleeuwarden.nl, geöffnet: Mo./Di. ab 15, Mi./Do./Sa. ab 11, Fr. ab 8, So. ab 16 Uhr. So wie ein *bruin café* in den Niederlanden aussehen muss: dunkle Wände, dunkle Holztische, braune Lederbänke – *heel gezellig,* also sehr gemütlich! Auf der Karte stehen der Niederländer liebste Speisen: Spareribs, Steaks und Hähnchenspieß mit dicken Fritten.

Preiskategorien Restaurants

Preise für ein Hauptgericht ohne Getränke:

€	Hauptgericht bis 15 €
€€	Hauptgericht 15–20 €
€€€	Hauptgericht 20–25 €
€€€€	Hauptgericht ab 25 €

📍**136** [II C2] **Laura & de Chef** €, Grote Hoogstraat 42, www.lauraendechef.nl, geöffnet: Di.–Do. 9–17.30, Do. bis 20, Sa. 9–18, So. 11–18 Uhr. Die Leeuwardenerin Laura Terpstra ist sympathisch, und ihre *wentelteefjes* machen glücklich. *Wentelteefjes* sind friesische Zuckerbrot-Scheiben, in Ei und Mehl ausgebacken, mit Sahne und frischen Beeren serviert. Außerdem gibt es in diesem gemütlichen Bistro mitten im Leeuwardener Zentrum neben Pain au chocolat, Zitronenkuchen und Crêpes auch herzhafte Gerichte wie Suppen, Salate und Burger. Alles ist ohne „*pakjes en sacjes*" zubereitet, also ohne Zutaten aus Packungen und stammt ausschließlich aus der Region. Empfehlenswert ist auch der lauwarme Rucola-Salat mit Zuckerbrot, Ziegenkäse, Peka-Nüssen, Trauben und Dattel-Dressing. Dazu passt einer der hervorragenden Weine, die Laura selbst ausgesucht hat.

📍**137** [II C2] **Onder de Kelders** €€, Bierkade 1, 8911 http://onderdekelders.nl, geöffnet: tägl. 11.30–24 Uhr. Hier sitzt man nicht nur an, sondern auf der Gracht, denn zu dem in früheren Lagerräumen an der Bierkade untergebrachten Restaurant gehört ein Ponton auf dem Wasser. Hier kann man in der Sonne Fleisch- und Fischgerichte oder Cheesecake mit Kaffee genießen.

EXTRATIPP

Das Restaurant hinterm Deich

Es gibt Lieblingsorte. Einer davon ist der Zwarte Haan. Die kleine Siedlung liegt direkt hinter dem Wattenmeerdeich. Nimmt man die Stufen deichaufwärts, sieht man den unendlichen Horizont, die Salzwiesen voller Blumen, die grasenden Schafe, die Austernfischer im Watt. Hinter dem Deich versteckt, steht ein renovierter ehemaliger Bauernhof mit Reetdach, in dem sich eines der besten friesischen Restaurants angesiedelt hat. Nicht im Sinne von Schicki-Micki und Mini-Portionen, sondern mit ordentlich gefüllten Tellern, freundlicher Bedienung und regionaler Küche mit Waddengoud-Produkten (aus der Wattenmeer-Region) wie Nordseefisch und -garnelen, Kartoffeln und Gemüse aus der Umgebung, heimischem Lamm und Weiderind.

143 De Zwarte Haan €€€, Nieuwebildtdijk 428, 9079 PG, St. Jacobiparochie, Tel. 0518 401649, http://zwartehaan.nl, geöffnet: Di.–Sa. ab 12 Uhr

138 [II B3] **Pannekoekschip (Pfannkuchenschiff)** €, Willemskade 69, www.pannekoekschipleeuwarden.nl, geöffnet: Di. ab 16.30–21.30, Mi.–So. 12.30–21.30 Uhr. Capt'n Pancake lädt an Bord und zaubert Pfannkuchen in 120 verschiedenen Varianten: mit Rosinen, Apfel, Speck, Banane, Schinken usw. Entweder kombiniert oder pur. Vor allem für einen Besuch mit Kindern empfehlenswert.

139 [II C2] **Post Plaza** €€, Tweebaksmarkt 25–27, www.post-plaza.nl, geöffnet: Mo.–Fr. 7–24, Sa./So. 8–1 Uhr. Im historischen Postgebäude von Leeuwarden stößt man auf ein **Grand Café** mit einzigartiger Atmosphäre. Die frühere Schalterhalle ist riesengroß, doch dank der Säulen und der hohen, kunstvoll verzierten Dachkonstruktion aus Holz auch gemütlich. Es gibt einen Lesetisch mit Zeitschriften, eine einladende Ecke mit Sofas und Sesseln sowie einen Restaurantbereich mit Holztischen und -stühlen. Auf der Karte stehen Frühstück, Mittagsgerichte (wie in den Niederlanden üblich, handelt es sich meist um *broodjes*) und abends Steaks und Fischgerichte. Zum Grand Café gehört auch eine eigene Kaffeerösterei in der Galerie über dem Speiseraum (man kann gerne vorbeischauen), deren Erzeugnisse im Restaurant verkauft werden – als Kaffeespezialitäten zum Vor-Ort-Genießen und zum Mitnehmen. Der hier geröstete Kaffee gibt auch dem hauseigenen Bier ein spezielles Aroma – *Tsjoch* (Prost auf Friesisch)!

140 [II B2] **Roast** €€, Nieuwestad 63, https://roastleeuwarden.nl, geöffnet: So.–Mi. 10–1, Do.–Sa. 10–2 Uhr. Hähnchen am Spieß, „Beer can chicken" und Kabeljau mit Kohl – die Speisekarte vom Roast ist nicht sehr umfangreich, dafür aber ausgefallen. Ebenso die Atmosphäre: Hippes Industriedesign und blankgescheuerte Holztische, die zu langen Abenden einladen. Herrlich sind auch die Cocktails!

141 [II C3] **Stadswaag** €€, im alten Waaggebäude, Nieuwestad 148, http://stadswaag.nl, geöffnet: tägl. 10–18, Sa./So. ab 12 Uhr. Vor allem für ein Mittagessen oder einen Kaffee in der Sonne, zu Füßen des beeindruckenden Gebäudes aus dem Jahr 1596, ist die Stadswaag ein prima Platz. Das Restaurant versteht sich als „Lunchroom" – und zwar deshalb, weil es kein Abendessen, dafür aber einen High-Tea gibt.

142 **WeidumerHout** €€, Dekemawei 9, Weidum, Tel. 058 2519888, www.weidumerhout.nl, geöffnet: tägl. 18–20.30 Uhr. Holzbalken treffen auf Kronleuchter, Backsteinmauern auf weiße Servietten, antike Kerzenhalter an der

Wand auf moderne Kunstwerke – in der Scheune eines historischen Bauernhauses hat sich ein erstklassiges Restaurant niedergelassen. Empfehlenswert sind die 2-, 3- oder 4-Gänge-Überraschungsmenüs, die täglich frisch aus hochwertigen, regionalen Zutaten zubereitet werden. Darunter gibt es viel Fisch und friesische Gerichte wie Zuckerbrotkuchen und Beerenburg-Sauce zum Rindfleisch. Dazu werden Weine zu einem fairen Preis oder das friesische Bier Us Heit vom Fass gereicht. Zehn Kilometer (von Leeuwarden aus) in eine wunderschöne friesische Landschaft, die sich lohnen! Tipp: Am besten nach dem Essen für eine Nacht in einem der modernen Holzhäuser auf der Wiese übernachten (s. S. 119).

Internationale Küche

144 [II B2] **Double B** €, Weerd 18, http://doublebleeuwarden.nl, geöffnet: tägl. 16–24 Uhr, am Wochenende bis 2 Uhr. Den eigenen Burger zusammenstellen, so lautet die Devise dieses Lokals. Man wählt aus verschiedenen Brötchensorten und Burgervarianten (Fleisch, Fisch, vegetarisch) und Toppings (Tomaten, Zwiebeln, Pilze etc.) aus. Gegessen wird im Restaurant oder auf der 200 m² großen Terrasse. Und wofür steht das zweite B in Double B? Für Bier, wobei es da hauptsächlich um Heineken und die von der Großbrauerei vertriebenen Spezialbiere wie Affligem und Corona geht.

145 [II B3] **Fellini** €€, Wilhelminaplein 20, www.fellinileeuwarden.nl, geöffnet: Di.–Sa. 10–1, So. 12–1 Uhr. Der Name deutet es an: Hier kommt Italien auf den Tisch. Man sitzt drinnen im modernen Ambiente mit dunkelgrauen Granitwänden oder draußen auf dem sonnigen Wilhelminaplein zu Füßen des Fries Museums und lässt sich Vitello tonnato, Carpaccio, Pizza und Pasta fresca schmecken.

146 [II C3] **Het Leven** €€, Druifstreek 57, www.eetcafehetleven.nl, geöffnet: Mo.–Sa. ab 11.30, So. ab 14 Uhr. Lockere Atmosphäre, Spielecke für Kinder und eine kreative Küche, die solche Herrlichkeiten wie eine ganze Dorade aus dem Ofen mit frischen Kräutern, Oliven, Tomaten und Zitronen zaubert. Hervorragend

Mit dem Pferd die Treppe hoch

Nur ein paar Häuser neben dem Hotel und Restaurant Post Plaza (s. S. 106) fällt ein historisches Gebäude aus dem späten 16. Jahrhundert auf: die Kanselarij. Erker, Treppengiebel, Skulpturen, Bleiglasfenster, blaugelbe Fensterläden und eine Freitreppe lassen den Renaissance-Stil erkennen. Erbaut wurde die Kanselarij zwischen 1566 und 1571 als Justizgebäude des friesischen Hofes. Was man heute nicht mehr sehen kann: Früher lag das Haus an einer Gracht, und daher gab es nicht viel Platz zum Festbinden der Pferde. Die Lösung brachte eine Wendeltreppe im Gebäudeinneren, die flach ansteigend ist und deren Stufen recht breit sind. Über diese Treppe konnten die Pferde in den zweiten Stock gelangen, wo unter dem Hausdach der Pferdestall untergebracht war. Heute findet man hier keine Pferde mehr, sondern rauchende Köpfe unter einem geföhnten Pony. Die Kanselarij dient – nachdem sie als Justizgebäude, Krankenhaus, Kaserne, Archiv und Museum genutzt wurde – heute als kreativer Brutplatz für Jungunternehmer.

> ***Kanselarij,*** *Turfmarkt 11 [II D2]*

schmeckt – am besten draußen auf der Sonnenterrasse zu genießen – der Chicorée-Salat mit Apfel, Orange und lauwarmem Gorgonzola-Dressing.

› **Proefverlof** €€, Blokhuisplein 40, Tel. 058 3020030, www.proefverlof.frl. geöffnet: tägl. 10–24 Uhr. Proefverlof bedeutet soviel wie „Bewährung/Hafturlaub". Der Name kommt nicht von ungefähr. Das erst 2017 eröffnete Restaurant gehört zum großen Gefängniskomplex Blokhuispoort ㉘, welcher auch das Alibi Hostel (s. S. 120) beherbergt. Von Anfang an war das Restaurant der Star am Leeuwardener Gastronomiehimmel, was nicht weiter verwundert, denn allein die große Holzterrasse an der Gracht gehört zu den schönsten Plätzen der Stadt. Erfreulich ist auch das hochwertige Essen (u. a. Wachtel „Saltimbocca" oder Pilz-Sellerie-Käse-Risotto) zu fairen Preisen. Ein 3-Gänge-Menü kostet rund 30 Euro.

147 [II C2] **Sems** €€€€, Gouverneursplein 36, Tel. 058 2162214, www.semsleeuwarden.nl, geöffnet: Di.–So. ab 16 Uhr (im Sommer meist auch mittags geöffnet). *Eerlijk is eerlijk:* Günstig ist ein Abendessen bei Sems nicht, doch die Kombination der Zutaten und Aromen ist außergewöhnlich. Ein Beispiel: Zucchinischeiben mit Lardo d'Akkrum (Speck aus Akkrum) und Zitrone, kreisförmig gerollt und mit Blumen serviert. Oder rosafarbene Entenbrust mit Hoisin-Sauce sowie mit Entenfleisch gefüllte Samosa. Das Essen wird in der offenen Küche mitten im Restaurant zubereitet. Auch das Ambiente ist geschmackvoll: moderne Holztische und -stühle, dunkelgraue Wände, weiße Servietten – all das in einem historischen Herrenhaus im Zentrum von Leeuwarden.

148 [II C3] **Sjoddy** €€, Druifsteek 55, Tel. 058 2504150, http://sjoddy.nl, geöffnet: Mi.–So. 16–24 Uhr. Weltküche mit Kalamata-Oliven, Chorizo-Kroketten, Wattaustern, Pulled Pork, Seewolf und Tarte Tatin werden bei Sjoddy serviert. Das Schöne: Das Essen ist sehr schmackhaft und aus hochwertigen Zutaten bereitet, dennoch ist es mit Hauptgerichten unter 20 Euro bezahlbar. Ebenso international wie die Speisen sind die Weine, die dank eines speziellen Zapfsystems auch glasweise zu haben sind.

△ *Sonnige Mittagspause bei Het Leven (s. S. 107)*

Praktische Reisetipps Leeuwarden

149 [II C2] **Spinoza** €€, Eewal 50–52, Tel. 058 2129393, http://eetcafespinoza.nl, geöffnet: tägl. 15–22 Uhr. Darauf kann Corné van Erven stolz sein: Sein Restaurant wurde vom Fernsehsender RTL4 zum besten Restaurant der Niederlande gewählt. Kein Wunder, es schmeckt hier hervorragend. Zum Beispiel die mit Paprika umwickelte und mit friesischem Coppa gefüllte Schollenfilet-Roulade. Die Portionen sind groß, gesund (mit viel Gemüse) und dennoch bezahlbar. Unwiderstehlich gut ist das hausgemachte Rhabarberkompott, das zu den Fleischgerichten gereicht wird. Urgemütliche Einrichtung mit Holztischen und -stühlen sowie viel (jahreszeitlich wechselnder) Dekoration. Zum Draußensitzen gibt es einen Innenhof sowie eine Terrasse vor dem Restaurant am Eewal.

150 [II C2] **TOTT – Talk of the Town** €€, Grote Hoogstraat 30, www.tott-leeuwarden.nl, geöffnet: Di.–So. 16–0 Uhr. Indonesisches Essen findet man aufgrund der Tatsache, dass Indonesien eine niederländische Kolonie war, relativ häufig. Zu den niederländischen Leibgerichten gehören daher Saté-Spieße: Hähnchen-, Rinder- oder Schweinefleischspieße mit einer köstlichen Erdnusssauce, dazu Pommes und Salat. Im TOTT kommen die Satéspieße vom Holzofengrill. Fischliebhaber und Vegetarier finden Fisch-, Garnelen- und vegetarische Spieße vom Grill mit diversen Saucen (die man selbst wählen kann).

EXTRATIPPS

Lecker vegetarisch
> Über eine eigene Speisekarte mit 3-Gänge-Menüs für Vegetarier verfügt das **Restaurant Spinoza** (siehe oben). Auf ihr stehen Köstlichkeiten wie Falafel, Omelette aus Kichererbsen, Seitan-Steak, vegetarische Lasagne und Goulasch aus Soja-Medaillons. Was Gäste am Spinoza besonders schätzen: Hier können Familien oder Freundesgruppen gemeinsam Essen gehen, zu denen sowohl Vegetarier als auch Fleisch-Fans gehören.

Lokale mit guter Aussicht
> Das Restaurant **Proefverlof** (s. S. 108) verfügt über eine herrliche Terrasse mit Blick auf die Stadtgracht.

Für den späten Hunger
> Ein Phänomen haben die Niederlande zu bieten, das wohl in ganz Europa einzigartig sein dürfte: warmes Essen aus den Automaten von **Febo**. So einen Febo-Automaten gibt es auch in Leeuwarden. Zwar kann man dort Pommes, Frikandel und Kroket auch „ganz normal" an der Theke bestellen, sodass der Snack frisch frittiert ist (darauf muss man allerdings warten). Man kann sich eine Frikandel aber auch aus dem Automaten ziehen. Febo Leeuwarden versorgt Fast-Food-Fans nicht nur tagsüber mit Fettigem und Sättigendem, sondern auch mitten in der Nacht, genauer gesagt unter der Woche bis um 2 Uhr und am Samstag- und Sonntagmorgen bis 5 Uhr.

154 [II B3] **Febo** €, Ruiterskwartier 105
> Wer sich lieber gemütlich an einen Tisch setzt und etwas ausgiebiger essen möchte, der bekommt im TOTT – Talk of the Town bis 23 Uhr indonesische Gerichte serviert (siehe oben).

Dinner for one
> Alleine unterwegs? Im **Grand Café Post Plaza** (s. S. 106) wird sich keiner einsam fühlen. Hier sitzen auch viele Gäste des Post Plaza Hotels mit ihrem Laptop an einem der Tische oder Einheimische, die eine Kaffeepause einlegen und am großen Lesetisch in einem der vielen ausliegenden Magazine blättern.

Cafés

- **151** [II C2] **Bagels & Beans** €, Kelders 3, www.bagelsbeans.nl/de, geöffnet: tägl. 9–18 Uhr. Ein Platz an der Sonne! Bagels isst man hier auf dem kleinen Platz an der Gracht, der oft sonnenverwöhnt ist.
- **152** [II B2] **Brasserie Maria Louise** €, Grote Kerkstraat 7, geöffnet: Mo. 11–21, Di.–Sa. 10–21 Uhr. Sie ist nicht zu übersehen: An der Hausmauer der Brasserie, an der Seite zum Oldehove-Platz, prangt ein überdimensionales Gemälde von Maria Louise von Hessen-Kassel (s. S. 84). Auch in der Brasserie selbst geht es fürstlich zu: Kronleuchter, Stuckdecke und klassische Musik finden sich hier. Zu essen gibt es neben Kuchen zum Mittagessen auch Suppen, Salate und Toast sowie Hauptgerichte am Abend, z. B. Kabeljau oder Entenbrust.
- **153** [II C3] **Brasserie Spiegelaar** €, Nieuwestad 141, http://brasseriespiegelaar.nl, geöffnet: Mo./Di. 9.30–18, Mi.–Sa. 9.30–21, So. 12–17 Uhr. Ein High Tea an der Gracht mit Blick auf das Waaghaus – das ist der Logenplatz in Leeuwarden. Neben High Tea bietet die Brasserie vom Pfannkuchen über das *broodje* bis zum Saté am Abend die ganze Palette der niederländischen Küche.

Informationsstellen

Infostellen in der Stadt

- **155** [II B4] **VVV Leeuwarden**, Sophialaan 4, Tel. 058 2347550, www.friesland.nl, geöffnet: Mo. 12–17, Di.–Fr. 9.30–17, Sa. 10–16 Uhr. Die Tourismus-Büros heißen in den Niederlanden VVV. Die Abkürzung steht für *Vereniging voor Vreemdelingenverkeer*. Der VVV von Leeuwarden ist nicht zu übersehen: Er befindet sich im Erdgeschoss des 114 m hohen, dunkelgrauen Achmea-Toren (Turm), der von der Versicherungsgesellschaft Achmea gebaut wurde. Beim VVV Leeuwarden gibt es alles, was man als Tourist brauchen kann: Stadtpläne und Landkarten, Bücher und Broschüren, Souvenirs und Friesland-Andenken.
- **156** [II C3] **Informationscentrum Leeuwarden-Fryslân 2018**, De Blokhuispoort, Blokhuisplein 40, Tel. 058 7512018, www.2018.nl/de, geöffnet: Mo.–Fr. 9–17 Uhr. Im Blokhuispoort sitzt das Team, das die Veranstaltungen rund um Leeuwarden 2018 organisiert. Bei einer Tasse Kaffee wird man über alles Interessante rund um die Kulturhauptstadt informiert.

Die Stadt im Internet

- http://Mooileeuwarden.nl: Mooi Leeuwarden heißt übersetzt „schönes Leeuwarden" und so werden – auch in deutscher Sprache – die Schönheiten der Stadt vorgestellt: Sehenswürdigkeiten, Einkaufstipps, Stadtführungen, aber auch der aktuelle Kalender mit allen Veranstaltungen der Stadt.
- **http://2018.nl:** Das Jahr, in dem Leeuwarden Kulturhauptstadt Europas ist, hat der Website ihren Namen gegeben. Konsequenterweise findet man dort auch alle Tipps und Events des Jahres. Da auch viele Bereiche Frieslands in die Feierlichkeiten mit einbezogen sind, werden auch Ausflugstipps gegeben, z. B. zu den Kunstwerken von Sense of Place im Wattengebiet oder zu den elf Brunnen, die die elf friesischen Städte schmücken. Über das Menü links oben kommt man auf die deutsche Version.
- **http://Uitloper.nu:** Sowohl die aktuellen Veranstaltungen in Leeuwarden als auch diejenigen in Groningen sind gedruckt und online unter dem Begriff Uitloper (Ausläufer) zu finden (nur auf Niederländisch).
- **www.friesland.nl/de:** schön aufbereitete Website über Leeuwarden und die elf friesischen Städten

Publikationen und Medien

Gratis-Stadtblätter wie „Leeuwarder Studentenkrant" und „Liwwaddes" gibt es derzeit nur auf Niederländisch. Der VVV, also die Touristeninfo (s. S. 110), hält eine Vielzahl von Broschüren bereit, die es teilweise auch in deutscher Sprache gibt.

Smartphone-Apps
- **Leeuwarden!** Museen, Sehenswürdigkeiten, Geschäfte, Märkte und Restaurants mit GPS-Angaben (kostenlos für iOS und Android).
- **Poëzieroute Leeuwarden App:** Die niederländische App für das Smartphone zeigt alle Stationen der sog. Poesieroute auf (kostenlos für iOS und Android).
- **Apps zu den Themen öffentlicher Nahverkehr und Routenplanung** siehe Groningen S. 54.

Internet

Inzwischen bieten so gut wie alle Restaurants, Hotels, Cafés sowie öffentlichen Gebäude und auch Plätze in den Niederlanden gratis **WLAN** an.

Kunst und Museen

Für eine doch eher kleine Stadt wie Leeuwarden trifft man auf überraschend viele Künstler – der Vergangenheit als auch der Gegenwart. Zu den großen Namen zählen Lourens **Alma Tadema**, der in Dronrijp bei Leeuwarden geboren wurde und später als Sir Lawrence Alma Tadema mit seinen idealisierten Historienbildern in England große Erfolge feierte und zu einem der berühmtesten Maler des 19. Jahrhunderts aufstieg. Weiterhin wurde **M.C. Escher** 1898 in Leeuwarden geboren (im Princessehof ⓴), dessen optische Täuschungen noch heute erstaunen und dem in Den Haag ein eigenes Museum gewidmet ist. Eine Übersicht der derzeit in Leeuwarden tätigen Künstler präsentiert die Website www.exto.nl/kunst/uit/Leeuwarden.html.

Meine Literaturtipps

- *Coelho, Paulo:* **Die Spionin**, *Diogenes-Verlag, 2016. Buch des brasilianischen Autors über Mata Hari (s. S. 92), in dem er in die Haut der aus Leeuwarden stammenden Nackttänzerin und vermeintlichen Spionin schlüpft und sie einen Rückblick auf ihr Leben zwischen Männern, Macht und magischen Tänzen erzählen lässt.*
- *Mak, Geert:* **Wie Gott verschwand aus Jorwerd. Der Untergang des Dorfes in Europa,** *Pantheon Verlag, 2014. Biographie eines friesischen Dorfes in den Jahren 1945 bis 1995, in dem die kleinen Läden und Traditionen verschwinden und sich die Zugezogenen auf der Straße nicht mehr grüßen.*

Museen
- **Boomsma Beerenburg Museum,** Bagijnestraat 42a, www.boomsma.frl, geöffnet: Jan.–März Di.–Do. 12–17, Fr./Sa. 10–17 Uhr, April–Dez. Di.–Sa. 10–17 Uhr. Das kostenlos zugängliche kleine Museum besteht aus ein paar historischen Apparaten für den Destillationsprozess sowie einem Film über den Familienbetrieb Boomsma (s. S. 102).
- ㉓ [II B2] **De Grutterswinkel:** historischer Tante-Emma-Laden, in dem man wie im letzten Jahrhundert Zuckerstangen kaufen und einen Kaffee in Wohnzimmeratmosphäre trinken kann (s. S. 88).

- ㉖ [II B3] **Fries Museum:** modernes Gebäude, alte Geschichten, aber auch zeitgenössische Kunst und immer wieder aufsehenerregende Sonderausstellungen (s. S. 91).
- 157 [II D2] **Het andere Museum,** Oostersingel 8, Tel. 058 2998021, http://museumpakhuiskoophandel.nl, geöffnet: April–Dez. Mi.–So. 13–17 Uhr, Jan.–März So. 13–17 Uhr, Eintritt: Erw. 5 €, Kinder bis 12 Jahre 2,50 €. Im „anderen" Museum gibt es Oldtimer, Stoffe (17. Jahrhundert bis heute, u. a. viel Spitzenstoff), zwei LGB-Modelleisenbahnen, Radios und Grammophone zu sehen. Die Ausstellungsstücke befinden sich in einem historischen Lagerhaus am Ufer der östlichen Stadsgracht.
- ⑱ [II B2] **Historisch Centrum.** Kleine Ausstellung zur Stadtgeschichte (s. S. 81).
- ㉑ [II C2] **Naturmuseum (Natuurmuseum Fryslân):** Das „beste kidsproof Museum Frieslands" ist vor allem für Kinder interessant (s. S. 84).
- ⑲ [II B1] **Pier-Pander-Tempel und Museum.** Marmor-Statuen des friesischen Künstlers Pier Pander (s. S. 82).

Kunstgalerien

- 158 [II C2] **artemisia,** Eewal 98, www.artemisiainkunstzaken.nl, geöffnet: Do.–Sa. 12.30–17.00 Uhr. Spezialisiert auf nordniederländische Kunst von renommierten, aber auch jungen Künstlern. Die Kollektion besteht aus Gemälden, Zeichnungen und Skulpturen.
- 159 [II C2] **Galerie De Roos van Tudor,** Eewal 47–49, Tel. 058–2161636, www.roosvantudor.nl, geöffnet: Do.–Fr. 13–17, Sa. 11–17 Uhr. Die Galerie De Roos van Tudor hat sich in zwei Altbauten am Eewal niedergelassen und repräsentiert dort die Werke junger zeitgenössischer und etablierter Künstler aus den Niederlanden.

Kunst unter freiem Himmel

Wer durch die Stadt bummelt, wird sich vielleicht über die großen Pflastersteine wundern, auf denen Gedichte in friesischer und niederländischer Sprache stehen. Sie gehören zur **Poëzieroute (Poesieroute) Leeuwarden,** die 1993 zur Verabschiedung von G.J. te Loo geschaffen wurde, der von 1983 bis 1993 Leeuwardens Bürgermeister war. Die ersten zehn Gedichte stammten noch von Dichtern, die in Leeuwarden wohnten oder mit der Stadt in Verbindung standen. Später kamen auch Gedichte anderer Autoren hinzu, z.B. des russischen Schriftstellers Turgenew. Wer wissen möchte, welche Gedichte sich wo befinden und von wem sie stammen, kann sich auf der Website www.poezieroute.nl (nur auf Niederländisch) kundig machen.

◁ *Flanieren unter dem Walskelett-Kunstwerk*

Vor dem Bahnhof Leeuwardens steht ein Brunnen des spanischen Künstlers Jaume Plensa. Er ist Teil der **elf Brunnen**, eines Projektes, das im Rahmen der Ernennung Leeuwardens zur Kulturhauptstadt Europas ins Leben gerufen wurde. In den elf Städten, durch die die legendäre Elfstedentocht führt (s. S. 71), wurden von internationalen Künstlern Brunnen an zentralen Stellen in der Stadt errichtet. Warum ausgerechnet Brunnen? Weil in Friesland das Wasser eine zentrale Rolle spielt – sei es im Winter zum Schlittschuhfahren oder im Sommer zum Bootfahren und Segeln.

Rauschendes, spritzendes, sprudelndes Wasser steht im Fokus der elf Brunnen, die von folgenden Künstlern stammen:

- **Leeuwarden:** Jaume Plensa (Spanien)
- **Sneek:** Stephan Balkenhol (Deutschland)
- **IJlst:** Shinji Ohmaki (Japan)
- **Sloten:** Jorge & Lucy Orta (Argentinien)
- **Stavoren:** Mark Dion (USA)
- **Hindeloopen:** Cai Guo-Qiang (China)
- **Workum:** Cornelia Parker (England)
- **Bolsward:** Johan Creten (Belgien)
- **Harlingen:** Jennifer Allora & Guillermo Calzadilla (USA/Kuba)
- **Franeker:** Jean Michel Othoniel (Frankreich)
- **Dokkum:** Birthe Leemeijer (Niederlande)
- Zu sehen sind die elf Brunnen-Entwürfe auf www.friesland.nl/de/kulturhauptstad-2018/programm/eleven-fountains.

Auch das Kunstwerk in Form eines **Walskeletts**, das sich über den Oude Lombardsteeg erstreckt, ist interessant. Der Entwurf stammt von der Künstlerin Giny Vos aus Amsterdam und besteht aus Aluminium. Besonders schön ist das riesige Skelett in der Nacht, wenn es beleuchtet ist, und die sehr schmale Gasse des Oude Lombardsteegs [II B3] erleuchtet, der von der Gracht Nieuwestad abzweigt.

Sehr am Herzen liegt den Leeuwardenern ihre Kuh namens **Us Mem**, eine lebensgroße Bronzeskulptur des niederländischen Bildhauers Gerhardus Jan Adema, die heute am Harlingersingel [II A2] steht. Der friesische Spitzname der Kuh „Us mem" bedeutet „unsere Mutter" und spielt auf die Abbildung des friesischen Statthalters Willem Lodewijk van Nassau-Dillenburg an, die am Zuiderplein steht und den Namen „Us heit" („unser Vater") trägt.

Mit Kindern unterwegs

- ●160 **AquaZoo Friesland**, De Groene Ster 2, Leeuwarden, www.aquazoo.nl/de, geöffnet: Nov.–Feb. tägl. 10–16 Uhr, März/April und Okt. tägl. 10–17 Uhr, Mai–Sept. tägl. 10–18 Uhr, Eintritt: Tageskarte ab 3 Jahren 16,50 € (bei Onlinebuchung 4 € günstiger). Der AquaZoo Friesland ist – wie der Name schon andeutet – reich an Wasser: Seehunde, Seelöwen, Pinguine, Otter, Flamingos und Wasservögel tummeln sich im Nass. Genug gestaunt und Lust aufs Rumtoben? Es gibt einen großen Spielplatz mit dem größten Air-Trampolin Frieslands (20 m Durchmesser) und für die Eltern daneben ein Café mit Terrasse. Wer selbst aufs Wasser möchte, kann sich ein Ruder- oder Tretboot mieten. Neben dem AquaZoo liegt das 1000 Hektar große Freizeitgebiet De Groene Ster mit Badestrand und Badesee, Liegewiesen zum Picknicken, Wäldern sowie Rad- und Wanderwegen.
- ㉑ [II C2] **Naturmuseum (Natuurmuseum Fryslân)**, im Jahr 2016 als „bestes kidsproof Museum Frieslands" ausgezeichnet (s. S. 84).

- **161** Speeltuin (Spielplatz) Vosseparkwijk, Achlumerstraat 1a, www.vosseparkwijk.nl, geöffnet: tägl. 8–20 Uhr. Dieser Spielplatz mit einer 50 Meter großen Ritterburg aus Holz, einer Seilbahn, einem Fußballspielfeld und einem Kleinkindbereich gehört zu den schönsten Spielplätzen Frieslands.

Nachtleben

Die 6500 Studenten Leeuwardens, die teilweise aus dem Ausland kommen, bereichern auch das Nachtleben. Ihre bevorzugten Ausgangsstraßen sind die Grote Hoogstraat [II C2] und das Ruiterskwartier [II A–C3].

Kneipen

- **162** [II A3] **De Markies,** Groot Schavernek 19, http://de-markies.nl, Di.–Do. 16–1, Fr./Sa. 15–2, So. 15–21 Uhr. Menno Feenstra und Michelle Beerstra schenken in ihrem gemütlichen Bierlokal (mit Terrasse) nicht nur 250 Spezialbiere aus der Flasche und 12 Biere vom Fass aus, sondern brauen auch noch ihr eigenes, preisgekröntes Bier: Grutte Pier Trippel.

Im Paddy O'Ryan kann man mit irischem Bier auf Leeuwarden 2018 anstoßen!

- **163** [II C2] **De Toeter,** Kleine Hoogstraat 2, geöffnet: Di.–So. 16–3 Uhr. Gemütliche Kneipe an der Ecke Eewal/Kleine Hoogstraat mit acht Biersorten vom Fass. Nette Bedienungen, sonnige Terrasse, auch bei Studenten sehr beliebt.
- **164** [II C2] **Het Oranje Bierhuis,** Auckamastraatje 2 (Gouveneursplein), Tel. 058 2130131, www.oranjebierhuis.nl, geöffnet: Mo. 16–20, Mi.–Sa. 16–24 Uhr. Die älteste Kneipe der Altstadt lockt mit einer urgemütlichen Atmosphäre, die einen in längst vergangene Zeiten zurückversetzt. Braune Holzstühle, Perserteppiche als Tischdecke (so war das früher bei den besseren Familien in Friesland!) und reichlich fließendes Bier laden zu einem *gezelligen* Kneipenabend ein.
- **165** [II B2] **Kelder 65,** Nieuwestad 65, Tel. 058 8436602, https://kelder65.nl, geöffnet: So.–Mi. 11–1, Do.–Sa. 11–2 Uhr. Urige und zugleich hippe Kneipe mit Holzdecke, langem Tresen, großen Kupferlampen und einem umfangreichen Angebot an Drinks. Mitten in der Stadt gelegen an der Gracht Nieuwestad, woher auch der Name „Kelder" (Keller) stammt. Hier wurden früher die über die Gracht angelieferten Waren gelagert.
- **166** [II C3] **Paddy O'Ryan,** Tweebaksmarkt 49, http://paddyoryan.frl, geöff-

net: tägl. 12–1 Uhr (Fr./Sa. bis 2 Uhr). Gemütlicher Irish Pub mit Terrasse. Wie es sich für einen echten irischen Pub gehört, wird Guinness-Bier ausgeschenkt, und es finden regelmäßig Livemusikabende statt (Termine auf der Website), bei denen man lautstark mitsingen darf. Auch für das leibliche Wohl ist gesorgt: Es gibt mit irischem Bier gebackenes Brot, Irish Curry, Fish Stew und Sandwiches zum Lunch.

Klubs

167 [II C2] **Club Hemingway**, Grote Hoogstraat 13, Tel. 06 20183368, geöffnet: Do.–Sa. 23–4.45 Uhr. Der Klub erstreckt sich über zwei Stockwerke, daher gibt es Platz für verschiedene Musikstile – von Techno über Rock bis zur Balkanmusik.

168 [II C2] **Mukkes**, Grote Hoogstraat 26, www.mukkes.nl, geöffnet: So.–Fr. 20–3, Sa. 16–3 Uhr. Eine der ältesten Kneipen der Stadt bezeichnet sich selbst als „alternative Rock-Kneipe". Gespielt wird (Live-)Musik, am Mittwochabend gibt es eine Jam-Session und das Bier fließt reichlich.

169 [II A3] **Neushoorn**, Ruiterskwartier 41, www.neushoorn.nl. Anlaufstelle im Zentrum für House-, Techno-, Underground-Konzerte, Klubshows, Tanzmusik und neue Talente. Zwei Konzertsäle (der größere fasst 700 Leute), drei Bars sowie Musikübungs- und Produktionsräume bieten die volle Bandbreite für alle, die gerne Musik hören oder machen. Veranstaltungen, Anfangszeiten und Preise sind auf der Website zu finden.

170 [II B3] **Scooter's**, Ruiterskwartier 61 und 63, www.cafescooters.com, geöffnet: Mi. ab 19, Do.–Sa. ab 21 Uhr. Musikkneipe mit Kerzenlicht und Fokus auf Pop- und Rockmusik. Jeden Dienstag Jamsession, donnerstags Karaoke und freitags und samstags Livemusik.

Radfahren

Die Niederlande sind das Land der Radfahrer, und da bildet Friesland keine Ausnahme. Ein Traum für Zweiradfahrer sind die gut ausgebauten und ausgeschilderten Radwege, die größtenteils von der Straße abgetrennt sind, die eigenen Radfahrerampeln und die vielen Abstellmöglichkeiten. Fahrradparkplätze findet man in den Straßen Zaailand [II A–C3] und in der Sint Jacobsstraat [II C2]. Ein Fahrradverleih ist im Niederländischen ein „fietsverhuur", doch auch der VVV (Touristeninformation) verleiht Fahrräder *(fietsen):*

› **VVV Leeuwarden**, Sophialaan 4, geöffnet: Mo. 12–17, Di.–Fr. 9.30–17, Sa. 10–15, jeden letzten So. im Monat 12–15 Uhr. Der VVV hat 15 Räder, die jeweils 10 € pro Tag kosten.

Reisen mit Tieren

In der Stadt Leeuwarden müssen Hunde angeleint bleiben. Es gibt sog. *losloopgebieden,* in denen Hunde frei herumrennen dürfen. Eines davon befindet sich an der Westerplantage [II A2/3] hinter dem Turm Oldehove. Was das Aufräumen der Hundehaufen und das Mitführen eines Plastiksacks betrifft, so gibt es im Kapitel über Groningen weitere Infos (s. S. 61).

In den **Bussen der Gesellschaft Arriva** können Hunde mitfahren, sofern sie kurz angeleint sind; eine eigene Fahrkarte ist nicht notwendig. Im **Zug** dürfen Hunde kostenlos mitfahren, solange sie auf den Schoß passen. Größere Hunde benötigen eine eigene *dagkaart hond* (Hunde-Tageskarte). Sie kostet 3,10 €. Blindenhunde dürfen generell gratis mitfahren.

Stadttouren

Mit dem Stadtführer

› **Stadtführungen des Historischen Zentrums:** Sie sind die Profis in Sachen Stadtgeschichte, und wer zufällig mit William Lord unterwegs ist, kann sich glücklich schätzen: Kein Stein in Leeuwarden ist ihm unbekannt. Niederländische Stadtführungen vom Historisch Centrum Leeuwarden (HCL) werden jeden Samstag und Sonntag um 13.15 Uhr **gratis** angeboten (natürlich freut sich der Stadtführer über ein Trinkgeld). Sie dauern rund 1½ Stunden und beginnen beim Historischen Zentrum am Groeneweg 1 ⓲.
› Für eine Führung in deutscher Sprache muss man sich beim Historisch Centrum Leeuwarden entweder telefonisch anmelden oder über die Website buchen. Auch diese Führung dauert mindestens 1½ Stunden und kostet 45 €, dann allerdings für eine ganze Gruppe.

Leeuwarden Free Tour

Jeden Freitag um 15 Uhr und jeden Samstag um 12 Uhr starten Rundgänge in niederländischer Sprache durch Leeuwarden mit den lokalen Stadtführern von „A Guide". Am Samstag wird – bei Bedarf – auch eine zusätzliche Tour in englischer Sprache angeboten. Für den Rundgang fallen keine Kosten an, allerdings hoffen die Stadtführer auf einen freiwilligen Beitrag am Ende der Tour. Eine Anmeldung ist nicht notwendig, kann aber über das Formular auf der (auch deutschsprachigen) Website erfolgen. Die Tour startet am Oldehoofsterkerkhof [II A/B2] unter der Wandmalerei von Maria Louise.

› **Leeuwarden Free Tour,** Nieuwestad 148, Tel. 0615314728, www.aguidetoleeuwarden.nl, Dauer: 1½ bis 2 Stunden

Free Walking Tours

Eher an Studenten und junge Leute richten sich die Free Walking Tours. Sie werden jeden Samstag um 12 Uhr auf Niederländisch und Englisch angeboten und dauern ungefähr 1½ bis 2 Stunden. Wenn internationale Gäste anwesend sind, wird die Tour auf Englisch gegeben. Auf Anfrage ist eine deutsche Tour möglich. Außerdem stehen viele verschiedene Thementouren (auf Niederländisch) im Programm, beispielsweise „Be cultural" mit Museen, eine Restaurant-Tour und eine Fun-Shopping-Tour.

› www.aguidetoleeuwarden.nl/leeuwarden-freetour-de

Mit dem Boot

Typisch für Leeuwarden ist die Stadterkundung mit einer Prahmfähre. Das Ganze wird **Praamvaren** genannt. Die Tour führt durch die historischen Grachten, wobei viel über die Stadtgeschichte erzählt wird. Getragen wird die Stiftung Praamvaren von rund 50 Ehrenamtlichen. Ein Prahm ist ein flaches Boot, mit dem früher die Erzeugnisse vom Land in die Stadt auf den Markt gebracht wurden. Weil das Boot so lang, schmal und flach ist, eignet es sich hervorragend für Fahrten durch die Leeuwardener Grachten, und Praamvaren gehört sicherlich zu den schönsten Leeuwarden-Sightseeingtouren. Es ist ein besonderer Anblick, wenn man aus der Tiefe der Kanäle nach oben auf die schönen **historischen Giebel** der Grachtenhäuser schaut. Die rund 50 Minuten lange Prinsentuinroute ist die Standardroute, die durch die Grachten der Stadt führt. Die Erläuterungen erfolgen in niederländischer Sprache. Sind genügend Deutsche an Bord, wird auch übersetzt. Die aktuellen Fahrzeiten stehen auf

Praktische Reisetipps Leeuwarden

der (auch deutschsprachigen) Website. Die Fahrkarten werden im Buchladen Van der Velde, Nieuwestad 57–59, gegenüber dem Fähranleger verkauft und sollten möglichst eine halbe Stunde vor Abfahrt dort abgeholt werden. Eine telefonische Reservierung über Tel. 058 2132360 ist ebenfalls möglich.

- 171 [II B3] **Praamvaren Leeuwarden**, Gracht Nieuwestad gegenüber Buchladen Van der Velde, Tel. 058 2132360, http://deutsch.praamvarenleeuwarden.nl, geöffnet: Mitte April bis Ende Oktober Di.–Sa. Kosten: Prinsentuinroute (rund 50 Min.) 5 € p. P.; Kinder bis 12 Jahre 2,50 €

Während einer Praamvaart kann man entspannt die Stadt erkunden

Leeuwarden preiswert

› *Stadtführungen:* Das Historische Zentrum bietet jeden Samstag und Sonntag um 13.15 Uhr Gratis-Stadtführungen an (s. S. 116). Ebenso kostenlos sind die Leeuwarden Free Tours und die Free Walking Tours.

› *Museum De Grutterswinkel:* Der urige Tante-Emma-Laden ❷❸ ist kostenlos zugänglich, genau wie das benachbarte kleine Boomsma Beerenburg-Museum (s. S. 102).

› *Parken:* Auf dem sog. Transferium Kalverdijkje kann man gratis parken (s. S. 100). Die Busfahrt ins Leeuwardener Zentrum kostet hin und zurück lediglich 1 €.

› *Stadtgeschichte:* Im Historisch Zentrum erfahren Besucher eine Menge über die Geschichte der Stadt. Der Zugang ist kostenlos. Weitere Infos auf S. 81.

Theater und Konzerte

🜊**172** [II C2] **Kleintheater De vier Pelikanen**, Tweebaksmarkt 48, www.devierpelikanen.nl. Kleinstes Jugendstiltheater Europas, das für Ausstellungen, Konzerte, Cabaret, Kindertheater, High Teas etc. genutzt wird.

🜊**173** [II A3] **Stadsschouwburg De Harmonie**, Ruiterskwartier 4, www.harmonie.nl. In dem modernen Gebäude an der Wester Stadsgracht werden Theaterstücke, aber auch klassische Konzerte sowie Tanztheater-Aufführungen von Gastensembles gegeben.

Unterkunft

Leeuwarden hat im Januar 2018 die „toeristenbelasting" wieder eingeführt, die Touristensteuer. Sie beträgt 1 € pro Kopf und Nacht.

Hotels

🏠**174** [II B4] **Hotel Oranje** €€, Stationsweg 4, www.hampshirehoteloranjeleeuwarden.com. **Stilvolles Haus in Bahnhofsnähe:** Das Hotel Oranje gehört zur Hampshire-Gruppe, die fast in jeder niederländischen Stadt kleine, individuelle Hotels unterhält. Das Leeuwardener Hotel ist seit 1879 ein bekanntes Stadthotel, das sich seinen historischen Charme bewahren konnte: Wintergarten, offener Kamin und Art-déco-Speisesaal. Die Zimmer jedoch sind modern eingerichtet und bieten Kaffeemaschine, Wasserkocher, Fernseher und Gratis-WLAN. Für Familien gibt es Vierpersonenzimmer.

› **Post Plaza** €€, Tweebaksmarkt 25–27, www.post-plaza.nl. **Moderner Komfort in historischen Gemäuern:** In einem ehemaligen Post- sowie einem Bankgebäude hat sich dieses Vier-Sterne-Hotel mit über 80 Zimmern eingerichtet. Einige Zimmer liegen oberhalb des schönen Restaurants im historischen Postgebäude (s. S. 106). Teilweise haben die Zimmer eine Gewölbedecke und sind mit Antiquitäten eingerichtet. Ein praktisches Extra sind die Kaffeemaschine und der Wasserkocher auf dem Zimmer. Natürlich gibt es auch Flachbildfernseher, Föhn, Tresor und bequeme Boxspringbetten. Nicht alle Zimmer haben einen Schreibtisch, doch man kann prima im Grand Café sitzen und dort das Gratis-WLAN nutzen. Hier wird im Übrigen auch das reichhaltige Frühstück serviert. Erstklassig ist – neben dem Personal – auch die Lage: im Zentrum, am Rande der Fußgängerzone und dennoch ruhig.

🏠**175** [II B2] **Stadhouderlijk Hof** €€, Hofplein 29, www.hotelstadhouderlijkhof.nl. **Im Palast speisen und übernachten:** Der Stadtpalast war bis in die 1970er-Jahre im Besitz der Königsfamilie. Hier wohnten im 16. Jahrhundert die Statthalter, die Vertreter des Königs. Noch immer ist in den repräsentativen Räumen im Erdgeschoss die Pracht eines Adelshauses zu finden, doch durch die – relativ großen – Gästezimmer des zur Fletcher-Gruppe gehörenden Hotels weht eher das Flair der 1980er-Jahre. Zum Hotel gehören Restaurant, Garten, Terrasse und Fahrradverleih.

Preiskategorien Hotels

Die folgenden Preiskategorien beziehen sich auf ein Doppelzimmer pro Nacht:
€ bis 80 €
€€ 80–120 €
€€€ 120–160 €
€€€€ ab 160 €

› *Vom Bett aus die Wasservögel beobachten: WeidumerHout*

Praktische Reisetipps Leeuwarden

🏠 **176 Stenden Hotel** €, Rengerslaan 8, www.stendenhotel.com. **Modernes Haus, geführt von Studenten der Hotelfachschule:** Außerhalb des Grachtengürtels am Rengerspark gelegen, doch nur ein paar Gehminuten vom Zentrum entfernt, gehört das Hotel zu den beliebtesten Unterkünften in Leeuwarden, was nicht zuletzt an dem äußerst netten und bemühten Personal liegt. Kein Wunder, denn das Hotel wird von jungen Studenten der Internationalen Hotelfachschule Leeuwarden geführt. Weitere Pluspunkte: kostenfreier Parkplatz, bequeme Auping-Betten, eigenes Restaurant und schöne Zimmer.

🏠 **177 Van der Valk Hotel Leeuwarden** €€, Lynbaan 35, www.hotelleeuwarden.nl. **Neu eröffneter Hotelkomplex an der Autobahn:** Es ist Geschmackssache, ob man in einem Hotel mit direkter Autobahnlage übernachten möchte. Als Pluspunkte könnte man die 115 nigelnagelneuen Zimmer und Suiten (Hotel-Eröffnung Herbst 2017) anführen, die Gratis-Parkplätze und die – angeblich – besten Hotelbetten der Stadt. Außerdem muss man das Hotel für ein gutes Essen nicht verlassen: Es gibt ein Restaurant mit Live-Cooking.

› **WeidumerHout** €€, Dekemawei 9, 9024 BE Weidum, Tel. 058 2519888, www.weidumerhout.nl. **Rooms with a view:** Rechteckige Holzbauten stehen auf der grünen Wiese und bieten einen fantastischen Weitblick. Die Holzbauten sind so ausgerichtet, dass man vom Bett aus nach draußen schauen und sogar den Sonnenuntergang sehen kann. Das Gelände, auf dem die zehn Wiesen-Hotelzimmer stehen, ist derart weitläufig, dass man ungestört bleibt. Zur Ausstattung: Neben dem bequemen Doppelbett mit Bio-Bettwäsche gibt es einen kleinen Schreibtisch, zwei Sitzgelegenheiten drinnen und zwei draußen, Kühlschrank, Kaffeemaschine, WLAN, Fernseher und Badezimmer mit Dusche. Das Frühstück wird in der ehemaligen Scheune des Bauernhauses serviert, in dem man im Übrigen auch hervorragend zu Abend essen kann (s. S. 106).

🏠 **178 WTC Hotel Leeuwarden** €, Heliconweg 52, www.westcordhotels.de/hotel/wtc-hotel-leeuwarden. **Vier Sterne am Stadtrand:** Zugegeben, das WTC Hotel liegt etwas außerhalb der Altstadt (rund 20 Minuten zu Fuß bis zum Turm Oldehove), doch dafür sind die Zimmer auch günstiger als im Zentrum. Ab 57 Euro bekommt man ein komfortables, modern eingerichtetes Doppelzimmer mit Gratis-WLAN, Regendusche, Nespresso-Kaffeemaschine und großzügigen 32 m². Da es sich um ein Bussineshotel handelt, sind die Preise an den Wochenenden sogar niedriger als unter der Woche. Im elften Stock des Hochhauses glänzt noch dazu ein besonderer Stern: Das Restaurant Élevé kann einen Michelin-Stern vorweisen.

Hostel

🏠**179** [II D3] **Alibi Hostel** €, Blokhuisplein 40, http://alibihostel.nl. **Schlafen im Knast:** Als das frühere Leeuwardener Gefängnis aufgegeben wurde, sahen die vier Freunde Sjors, Peter, Jurrien und Marieke ihre Chance. Aus einem Teil der Zellen machten sie ein Hostel. So schläft man heute hinter Gittern und dicken Gefängnistüren. Die Gästezimmer sind einfach eingerichtet, haben keinen Schrank und nur einen kleinen Schreibtisch, aber einige der Zellen verfügen über ein eigenes, modernes Bad. Die anderen Zimmer teilen sich ein Bad, was die Übernachtung natürlich günstiger macht (ab 40 Euro für die Zelle). Es gibt auch zwei Familienzimmer für vier Personen mit Stockbetten und einen Schlafsaal mit 17 Betten. Die Atmosphäre des Hostels ist klasse: cooles Industriedesign, engagierte junge Mitarbeiter, Aufenthaltsraum und kleine Küche. Wer am Abend noch etwas trinken möchte, kann das in der hoteleigenen Bar tun (man trifft immer nette Leute). Im Nachbargebäude liegen die Restaurants De Bak und Proefverlof (s. S. 108). Zum Hostel gehört auch ein Baumhaus (Boomhut De Uil), das auf der anderen Seite der Stadsgracht steht.

Ferienwohnungen

🏠**180** [II B2] **Ster Logies** €€, Grote Kerkstraat 8, https://sterlogiesleeuwarden.nl. **Übernachten mit viel Stil:** Insgesamt drei Unterkünfte führt Ster Logies in Leeuwarden, darunter „Tante Agaath" am Eewal (für max. 6 Pers) und „De Rozenboom" (zwei erw. Pers. und Baby) gegenüber vom Keramiekmuseum. Letzteres ist ein historisches Stadthaus, dessen 120 m² sich über drei Etagen erstrecken. Allen Wohnungen gemeinsam ist eine äußerst stil- und geschmackvolle Einrichtung – wie aus einem Wohnmagazin!

Bed & Breakfast

🏠**181** [II C3] **Bij de Waagsbrug** €, Nieuwestad 135. **Fröhlich-buntes B&B:** Mittendrin im Zentrum, gegenüber dem Waaghaus und direkt an der Gracht steht das Haus von Mike Neuteboom und Leo Pander. Es gibt nur zwei Zimmer, doch die sind etwas Besonderes: Das Retro-Zimmer im 1970er-Jahre-Stil verfügt über fröhliche, knallig-orangene Farbakzente und eine private Dachterrasse, die „Suite la chambre chique" – mit lilafarbenem Teppichboden und Antiquitäten eingerichtet – bietet Sicht auf den Waagplein.

🏠**182 De Hedera** €, Goudenregenstraat 1c, Tel. 06 53772431, www.dehedera.nl.

Schlafen in Blumen: Über fünf nach Pflanzen benannte Zimmer verfügt dieses B&B: Jasmin, Hortensie, Lavendel, Rose und Ranke. Der Straßenname passt hervorragend zu den Blumenzimmern: Goldregen.

☎ **183** [II B3] **Klipper Nova Cura** €, Willemskade 64, Tel. 06 51980540, www.klippernovacura.nl, 37,50 € p. P./Nacht. **Übernachten auf einem historischen Schiff im Leeuwardener Museumshafen:** Die Alternative zu durchgestylten und anonymen Hotelzimmern: eine urige Kajüte an Bord eines Schiffes. Kapitän Rinzema vermietet auf seinem historischen Klipper Kabinen für zwei oder drei Gäste. Das Frühstück wird in dem gemütlichen Gemeinschaftsraum unter Deck serviert.

Verkehrsmittel

Die Altstadt von Leeuwarden wird sternförmig von einer Gracht umgeben. Innerhalb dieser Gracht befinden sich die meisten Sehenswürdigkeiten wie das Fries Museum ㉖ und der Turm Oldehove ⑰. Letzterer steht ganz im Westen der Altstadt nahe der Wester Stadsgracht. Möchte man vom Oldehove zum östlichen Ende der Altstadt (Oostergrachtswal), dann legt man zu Fuß rund einen Kilometer zurück und benötigt dafür gerade einmal eine Viertelstunde. Deutlich wird: Man braucht im historischen Zentrum von Leeuwarden weder Taxi noch Bus, es sei denn, man muss einen Koffer zum Hotel schleppen.

Bus

In Leeuwarden und ganz Friesland fährt die Busgesellschaft Arriva (www.arriva.nl). Auf der Internetseite ist das sog. *busboekje* („Busbüchlein") mit allen Fahrzeiten und Busstrecken in Friesland online einsehbar. Zudem kann man unter „Reisplanner" Start- und Zielort eingeben. Eine Busfahrkarte gibt es ab 2 € beim Busfahrer. Von Leeuwarden aus fährt der Bus eine Reihe von friesischen Orten an, u. a. Heerenveen, Holwerd und Harlingen (am Wattenmeer), Dokkum, Bolsward und Sneek.

Taxi

Man kann vor Fahrtbeginn auch einen festen Preis mit dem Taxifahrer absprechen. Ansonsten fallen die vom Taxameter berechneten Kosten an, die sich wie folgt zusammensetzen: Der Starttarif für eine Fahrt mit max. vier Personen beträgt 2,83 €, dann kommen 1,95 € für jeden gefahrenen Kilometer hinzu. Die meisten Taxi-Anbieter haben auch einen Taxi-Bus für kleinere Gruppen. In einigen Taxen, z. B. in denen von Taxi Jelle, kann man auch mit EC-Karte bezahlen.

Unter den folgenden Telefonnummern sind Leeuwarder Taxi-Unternehmen erreichbar:

› **Maxi Taxi:** Tel. 06 24622624
› **Taxi Friesland/Leeuwarden:** Tel. 0512 368041
› **Taxi Jelle:** Tel. 06 45554555
› **Taxicentrale L. Wolters:** Tel. 0512 518000
› **Taxicentrale E-Taks:** Tel. 058 8443656

Weitere Adressen

Apotheken

Im Gegensatz zu Deutschland findet man in den niederländischen Apotheken so gut wie keine Kosmetik-

◁ *Wie wär's mit einer Nacht hinter Gittern? Im Alibi Hostel ist das möglich.*

Krankenhaus

⊕ **185 Medisch Centrum Leeuwarden**, Henri Dunantweg 2, Tel. 058 2866666. Ein Krankenhaus heißt im Niederländischen „ziekenhuis" und ein solches befindet sich südlich der Altstadt von Leeuwarden. Man kann den Parkplatz nutzen (20–60 Minuten 1,50 €, 60–90 Minuten 2,50 €) oder den Bus nehmen (auf dem Krankenhausgelände befindet sich eine Bushaltestelle namens MCL Leeuwarden, Busse 2, 5, 15, 502).

Polizei

▶ **186** [II B2] **Politie Leeuwarden (1)**, Heer Ivostraatje 38, Tel. 0900 8844. Richtig hübsch ist das kleine Polizeigebäude auf dem großen Platz vor dem Turm Oldehove, wo die Polizisten am Morgen ihren Kaffee in der Sonne trinken. Hier kann man von Montag bis Samstag von 9.30 bis 17.30 (Do. bis 21 Uhr) „aangifte doen", also eine Anzeige wegen Diebstahls oder Sachbeschädigung erstatten. Ein weiteres Polizeigebäude befindet sich im Holstmeerweg. Hier muss man sich allerdings vorher anmelden:

▶ **187 Politie Leeuwarden (2)**, Holstmeerweg 3

produkte, Säfte oder Lutschbonbons. Diese kann man – meist viel günstiger – auch bei Hema (s. S. 103) oder in den Drogerien wie Etos (Nieuwestad 130) kaufen. Bei Letzerem bekommt man alles gegen Grippe, Magenbeschwerden, Kopfschmerzen etc. Verschreibungspflichtige Medikamente gibt es nur in Apotheken.

⊕ **184** [II D2] **Alphega Apotheek Centraal**, Voorstreek 58, Tel. 058 2135255, www.alphega-apotheek.nl/web/centraalapotheek, geöffnet: Mo.–Fr. 8.30–18 Uhr. In dem hübschen gelben Jugendstilbau an der Gracht Voorstreek werden Medikamente, Vitamine und Salben verkauft.

▶ **Notfall-Apotheke (spoedapotheek)** Medisch Centrum Leeuwarden, Henri Dunantweg 2, Tel. 058 2866666, Nähe Haupteingang des Krankenhauses (s. rechts), tägl. 8–21 Uhr

Post

Ein echtes Postamt *(postkantoor)* gibt es in Zeiten von E-Mails in den Niederlanden nur noch selten. Oftmals haben Supermärkte, Buchhandlungen oder Kioske einen Postschalter in ihrem Geschäft, so wie das auch beim AKO-Buchladen im Bahnhof von Leeuwarden der Fall ist:

✉ **188** [II B4] **Post NL**, Stationsplein 2 (direkt am Bahnhof), Tel. 0900 0990, Mo.–Fr. 6.30–20, Sa. 7–19, So. 10–19 Uhr

Jugendstil auf Rezept: Alphega Apotheek Centraal

PRAKTISCHE REISETIPPS

Autofahren in den Niederlanden

Die Niederlande gehören nicht unbedingt zu den autofreundlichsten Regionen Europas, einfach aus dem Grund, da es zu viele Autos auf zu wenigen Straßen gibt. Ein paar Tipps:

› **Staus** am Morgen und am Abend sind vorprogrammiert und wer kann, sollte die Zeiten meiden, während der Arbeitnehmer unterwegs sind.
› **Höchstgeschwindigkeiten:** Autobahn 100/120/130 km/h (je nach Strecke und Uhrzeit), Schnellstraße 100 km/h, Landstraße 80 km/h, Ortschaften 30–50 km/h. Es gibt viele Radarkontrollen.
› Die **Promillegrenze** in den Niederlanden liegt bei 0,5. Alkoholkontrollen werden des Öfteren durchgeführt.
› In die Städte nimmt man das Auto am besten nicht mit – entweder man nutzt einen **P+R-Platz** oder ein Parkhaus am Stadtrand.
› Die **Preise fürs Parken** sind mit denen in deutschen Großstädten vergleichbar. Bitte beachten: Parkt man an der Straße, dann sollte man sich akribisch an die Parkdauer auf dem am Automaten gezogenen Parkschein halten, denn sonst wird es teuer (bis zu 90 Euro Strafe, auch für wenige Minuten Überziehung).
› An den **Parkautomaten** in den Niederlanden wird häufig **kein Bargeld** mehr angenommen.
› Die **Verkehrszeichen** entsprechen denen in Deutschland.
› Die niederländische Variante des deutschen ADAC ist der **ANWB** (www.anwb.nl).

◁ *Vorseite: Kneipen und Kurse – im Groninger Studentenviertel*

Essen und Trinken

Die Zeiten, in denen die niederländische Küche hauptsächlich aus *stamppot* (Kartoffelbrei mit Gemüse) und *erwtensoep* (Erbsensuppe) bestand, sind glücklicherweise vorbei. Inzwischen findet man gehobene Gastronomie ebenso wie internationale Küche, wobei **indonesische Gerichte** (Indonesien war niederländische Kolonie) eine herausragende Rolle spielen. Saté-Spieße (Hähnchen- oder Schweinefleisch) mit Erdnusssauce und Pommes frites stehen fast immer auf der Speisekarte eines niederländischen Restaurants der mittleren Preisklasse.

Anders als in vielen europäischen Nachbarländern essen die Niederländer zu Mittag nur ein **broodje**, ein belegtes Brötchen, das aber durchaus opulent sein kann und beispielsweise mit Kroketten, warmem Fleisch, Ziegenkäse, Thunfischsalat oder Carpaccio belegt ist. Außerdem gibt es mittags Suppe und Salat, gerne trinken

Niederländer dazu *karnemelk* (Buttermilch). Am Abend, in der Regel Punkt 18 Uhr, gibt es zu Hause das Abendessen, das aus einer warmen Mahlzeit besteht. Auch in den Restaurants findet man eher am Abend warme Speisen und Drei-Gänge-Menüs. Wer sparen möchte, fragt nach dem Tagesgericht, dem *daghap*. Das Essen beenden die Niederländer mit einem *kopje koffie of thee* – einer Tasse Kaffee oder Tee.

Übrigens: Das **Trinkgeld** ist in der Rechnung bereits inbegriffen, dennoch wird ein weiterer Obolus von 5–10 % erwartet.

Geldfragen

Die Preise in den niederländischen Restaurants und **Hotels** entsprechen denen in deutschen Großstädten, sind also meist etwas höher als in den meisten Teilen Deutschlands. Für ein **Hauptgericht** am Abend bezahlt man zwischen 15 und 20 €, in besseren Restaurants auch über 20 €. Wer häufiger in die Niederlande fährt, sollte über die Anschaffung einer **OV-chipkaart** oder einer **Museumkaart** nachdenken. Erstere kostet einmalig 7,50 €, danach lädt man ein beliebiges Guthaben auf die Karte. So werden Bahn- und Busfahrten um einiges günstiger (erhältlich am Bahnhof). Die **Museumkaart** kostet rund 60 Euro und ermöglicht dem Karteninhaber ein Jahr lang den kostenlosen Zutritt zu rund 400 Museen im ganzen Land.

Informationen vor der Reise

› **Holland.com**: umfangreiche und informative Website des niederländischen Tourismusverbandes mit allen Regionen und Städten, Buchungsmöglichkeiten für Unterkünfte sowie Tipps für die Reise durch das Land.

› **Ns.nl**: Die Website für den niederländischen Zugverkehr wird auch in englischer Sprache angeboten.

Friesische Spezialität: Oranjekoek von Salverda (s. S. 102)

Buntes Parken am Ossenmarkt in Groningen (s. S. 41)

Infos für LGBT+

Groningen
Vor ein paar Jahren gab es noch eine Handvoll Bars in Groningen, doch inzwischen hat sich das Publikum derart gemischt, dass sich diese zielgruppenspezifischen Bars nicht mehr lohnen. Auch im riesigen Bar-Komplex Drie Gezusters (s. S. 60) gab es bis vor Kurzem noch eine Bar für Schwule und Lesben namens „Kast". Nettes Wortspiel, denn „uit de kast komen" heißt zu Deutsch so viel wie „sich outen". Wer also aus der Kneipe Kast kam, hat sich gleichzeitig geoutet. Doch auch der Kast wurde mittlerweile geschlossen und in eine „Open-minded-Bar" umgewandelt. Bleibt nur noch:

❶189 *[I B4] Bar de Rits*, Pottebakkersrijge 2, www.barderits.com, geöffnet: Di.-Do. 19-2, Fr. 17-3, Sa.17-6, So. 17-1 Uhr. Laut Website ist die Bar de Rits eine heterofreundliche Gay Bar. Jeden Samstag gibt es zwischen 23 und 24 Uhr Bier und Wein zum halben Preis.

Leeuwarden
❶190 *[II C2] Bubbles Leeuwarden*, Klokstraat 19, geöffnet: Do.-Sa. 21-5 Uhr. Nach eigenen Angaben „weltberühmt in ganz Leeuwarden" und die einzige Gay-Kneipe Frieslands!

Medizinische Versorgung

Benötigt man in den Niederlanden einen Arzt, so begibt man sich auf die Suche nach einem Hausarzt *(huisarts)*. Dieser verweist einen – falls notwendig – weiter an den Facharzt, dessen Praxis *(praktijk)* in der Regel an ein Krankenhaus *(ziekenhuis)* angegliedert ist. Für einen Besuch bei einem Hausarzt braucht man eine **Europäische Krankenversicherungskarte**, die von der gesetzlichen Krankenversicherung ausgestellt wird und die die meisten Versicherten bei sich tragen, da sie hinten auf der Gesundheitskarte aufgedruckt ist. Verfügt man nicht über eine solche Karte, kann man bei der gesetzlichen Krankenkasse einen Auslandskrankenschein anfordern. **Tipp:** Viele Medikamente gibt es günstig in den Drogerien.

Notfälle

Bei einem medizinischen Notfall wendet man sich an die **Spoedeisende Hulp** (Notfallversorgung) im Krankenhaus, die rund um die Uhr geöffnet ist.
> **Notrufnummer:** 112
> **Polizei (kein Notfall):** 0900 8844

Kartensperrung

Bei Verlust der **Debit-(EC-), VPAY-, Kredit- oder SIM-Karte** gibt es für Kartensperrungen eine **deutsche Zentralnummer** (unbedingt vor der Reise klären, ob die eigene Bank bzw. der jeweilige Mobilfunkanbieter diesem Notrufsystem angeschlossen ist). **Aber Achtung:** Mit der telefonischen

> *Friesisch, als eigene Sprache anerkannt*

Sperrung sind die Bezahlkarten zwar für die Bezahlung/Geldabhebung mit der PIN gesperrt, nicht jedoch für das **Lastschriftverfahren mit Unterschrift.** Man sollte daher auf jeden Fall den Verlust zusätzlich **bei der Polizei zur Anzeige bringen**, um gegebenenfalls auftretende Ansprüche zurückweisen zu können.

In **Österreich** und der **Schweiz** gibt es keine zentrale Sperrnummer, daher sollten sich Besitzer von in diesen Ländern ausgestellten Debit-(EC-) oder Kreditkarten vor der Abreise bei ihrem Kreditinstitut über den zuständigen Sperrnotruf informieren.

Generell sollte man sich immer die **wichtigsten Daten** wie Kartennummer und Ausstellungsdatum **separat notieren,** da diese unter Umständen abgefragt werden.

› **Deutscher Sperrnotruf:** Tel. +49 116116 oder Tel. +49 3040504050
› **Weitere Infos:** www.kartensicherheit.de, www.sperr-notruf.de

Öffnungszeiten

› Montagmorgens sind die **Geschäfte** in den Niederlanden geschlossen (Ausnahme: Supermärkte).
› Montagabends haben viele **Restaurants** geschlossen.
› **Museen** sind montags den ganzen Tag über geschlossen.
› Am Donnerstagabend hat der **Einzelhandel** meist bis 21 Uhr offen.
› Die meisten **Geschäfte im Zentrum** sind sonntagnachmittags zwischen 13 und 17 Uhr geöffnet.
› Es gibt in Leeuwarden einen „**Nightstore**" am Willem Alexanderplein 13, der am Mo., Mi., Do., Fr. und Sonntag bis 2 Uhr nachts Lebensmittel, Zigaretten und Alkohol verkauft.

Sprache

Durch die Nähe zu Deutschland spricht man – zumindest in Groningen – in der Regel gut Deutsch, auch viele Broschüren und Informationen in Museen existieren in deutscher Sprache. Wer sich intensiver mit dem Niederländischen auseinandersetzen und zumindest die wichtigsten Ausdrücke erlernen möchte, der findet im Anhang dieses Buches einen kleinen Sprachführer. Außerdem ist im REISE KNOW-HOW Verlag der Kauderwelsch-Band „Niederländisch – Wort für Wort" erschienen.

Telefonieren

Telefonzellen wird man in den Niederlanden – wie in den meisten europäischen Städten – vergeblich suchen. Jeder hat ein *mobieltje,* wie das **Handy** in den Niederlanden in der Verkleinerungsform heißt. Inzwischen kann man in ganz Europa zu einem einheitlichen Tarif telefonieren und braucht keine niederländische Prepaidkarte mehr. Wer – aus welchen Gründen auch immer – dennoch eine möchte, der bekommt sie u. a. bei Hema (s. S. 47 bzw. S. 103) günstig.

Vorwahlen

> **Niederlande:** +31
> **Groningen:** 050
> **Leeuwarden:** 058
> **Handy-Vorwahl in den Niederlanden:** 06
> **Deutschland:** +49
> **Österreich:** +43
> **Schweiz:** +41

Wetter und Reisezeit

Eine Reise in den niederländischen Norden ist zu jeder Jahreszeit empfehlenswert, wobei natürlich der Sommer mehr Möglichkeiten zum Genießen der vielen Straßencafés und Restaurants am Wasser bietet. Die Temperaturen und Wetterbedingungen entsprechen ungefähr denjenigen in Norddeutschland. Das bedeutet, dass ein vom Meer beeinflusstes Klima mit kühlen Sommern und milden Wintern herrscht. Schnee fällt eher selten und die Temperaturen im Winter rutschen kaum noch für eine längere Zeit unter den Gefrierpunkt – sehr zum Leidwesen der schlittschuhbegeisterten Friesen und Groninger, die seit über 20 Jahren vergeblich auf die nächste Elfstedentocht (s. S. 71) warten. Die Durchschnittstemperaturen liegen in Groningen und Leeuwarden im August bei rund 21 °C, im Januar bei 5 °C.

▷ *Schiff mit der Flagge Frieslands. Die Seerosen-Blätter (es sind keine Herzen) sieht man in Leeuwarden oft.*

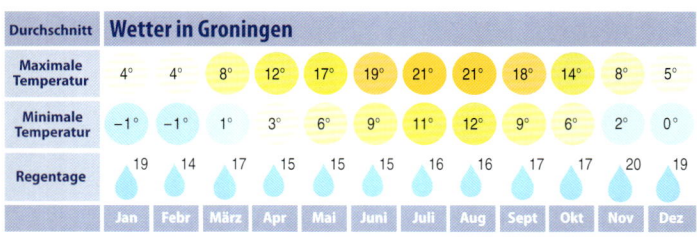

Durchschnitt	**Wetter in Groningen**											
Maximale Temperatur	4°	4°	8°	12°	17°	19°	21°	21°	18°	14°	8°	5°
Minimale Temperatur	–1°	–1°	1°	3°	6°	9°	11°	12°	9°	6°	2°	0°
Regentage	19	14	17	15	15	15	16	16	17	17	20	19
	Jan	Febr	März	Apr	Mai	Juni	Juli	Aug	Sept	Okt	Nov	Dez

ANHANG

Kleine Sprachhilfe Niederländisch

Die folgenden Wörter und Redewendungen wurden dem Reisesprachführer „Niederländisch – Wort für Wort" (Kauderwelsch-Band 66) aus dem REISE KNOW-HOW Verlag entnommen und sollen dem Leser eine erste kurze Einführung in die niederländische Sprache bieten.

Aussprache

Die folgenden Buchstaben(kombinationen) werden anders als im Deutschen ausgesprochen. Die zweite Spalte gibt die Lautschrift wieder.

ch, g	ch	raues „ch" wie in „lachen"
g	sh	bei französ. Wörtern vor e, i, y wie zweites „g" in „Garage"
ng	ng	„ng" wie im Deutschen „bringen"
e	è	kurzes „e" wie in „bitte"
ei, ij	äj	wie „ey"
eu	öö	wie ein langes „ö"
oe	u	kurzes „u" wie in „Bus"
ou	au	wie „au" in „Maus"
s	ß	stimmloses „s" wie in „Bus"
sch	ßch	wie „ß" und dann „ch" in „Häuschen" (kein deutsches „sch")
sj	sch	deutsches „sch" wie in „Schule"
tj	tch	zwischen „tch" und „tj" wie in „Kärtchen"
u	üü	langes „ü" wie in „Mühe", oder:
	ö	kurzer Laut zwischen „i" und „ö"
ui	öi	etwa wie „öi" in „Feuilleton"
v	v	zwischen „f" und „w"
z	s	stimmhaftes „s" wie in „Rose"

Am Wortende gibt es folgende Besonderheiten:

-b	-p	wie „p"
-d	-t	wie „t"
-ig	-èch	„ech" mit weichem „ch" (kein „ä")
-isch	-ieß	„ieß" (mit langem „i")
-n		wird manchmal verschluckt
-lijk	-lèk	„lek", klingt fast wie „lök"
-tie	-zie	„zie" (mit langem „i")

Häufig gebrauchte Wörter und Redewendungen

Wochentage

maandag	maandach	Montag
dinsdag	dinßdach	Dienstag
woensdag	wunßdach	Mittwoch
donderdag	dondèrdach	Donnerstag
vrijdag	vräjdach	Freitag
zaterdag	saatèrdach	Samstag
zondag	sonndach	Sonntag

Zahlen

0	*nul*	nöll
1	*een*	een
2	*twee*	twee
3	*drie*	drie
4	*vier*	vier
5	*vijf*	väjf
6	*zes*	säß
7	*zeven*	seevèn
8	*acht*	acht
9	*negen*	neechèn
10	*tien*	tien
11	*elf*	älf
12	*twaalf*	twaalf
13	*dertien*	därrtien
14	*veertien*	veertien
15	*vijftien*	väjftien
16	*zestien*	säßtien
17	*zeventien*	seevèntien
18	*achtien*	achtien
19	*negentien*	neechèntien
20	*twintig*	twintich
21	*eenentwintig*	eenèntwintich

+++ Die wichtigsten Wörter mit dem Bonus-Audiotrack des Kauderwelsch-

30	*dertig*	därrtich	102	*honderdtwee*	hondèrdtwee (usw.)
40	*veertig*	veertich			
50	*vijftig*	väjftich	200	*tweehonderd*	tweehondèrd
60	*zestig*	säßtich	300	*driehonderd*	driehondèrd
80	*tachtig*	tachtich	1000	*duizend*	döisènd
90	*negentig*	neechèntich	2000	*tweeduizend*	tweedöisènd
100	*honderd*	hondèrd	10.000	*tienduizend*	tiendöisènd
101	*honderdeen*	hondèrdeen	1.000.000	*een miljoen*	een milljunn

Die wichtigsten Fragewörter

welke?	wällkè	welches?
wat voor een?	wat voor een	was für ein?
waar?	waar	wo?
waarvandaan?	waarvanndaan	woher?
waarnaartoe?	waarnaatu	wohin?
waarom?	waaromm	warum?
hoe?	hu	wie?
hoeveel?	huveel	wie viel?
wanneer?	wanneer	wann?
waarmee?	waarmee	womit?

Die wichtigsten Richtungsangaben

(naar) rechts/links	naar rächtß/linkß	(nach) rechts/links
rechtdoor	rächtdoor	geradeaus
terug	tèröch	zurück
tegenover	teechènoovèr	gegenüber
tussen	tößèn	zwischen
voor – achter	voor – achtèr	vor(ne) – hinten/-r
over – onder	oovèr – onndèr	über – unter
hier – daar	hier – daar	hier – dort
ver – dichtbij	värr – dichtbäj	weit – nah
buiten	böitèn	außerhalb
in het centrum	in hèt ßäntröm	im Zentrum
om de hoek	om dè huk	um die Ecke

Die wichtigsten Zeitangaben

(over)morgen	(oovèr)morchèn	(über)morgen
's morgens	ßmorchènß	morgens
's middags	ßmiddachß	mittags
's avonds	ßavèndß	abends
dagelijks	daachèlèkß	täglich
eerder – later	eerdèr – laatèr	früher – später
nou, nu – gauw	nau, nü – chauw	jetzt – bald

AusspracheTrainers auf PC oder Smartphone lernen (siehe Umschlag hinten) +++

Die wichtigsten Fragen

Wat is dat? wat iß dat	Was ist das?
Kunt u me vertellen …? könnt ü mè vèrtällèn	Können Sie mir sagen …?
Is er …? – Heeft u …? iß èr – heeft ü	Gibt es …? – Haben Sie …?
Ik wou graag … ik wau chraach	Ich hätte gerne …
Ik zoek … – Ik neem … ik suk – ik neem	Ich suche … – Ich nehme …
Waar vind ik …? waar vind ik	Wo finde ich …?
Ik heb … nodig. ik häp noodich	Ich brauche …
Waar kan ik … kopen? waar kann ik … koopèn	Wo kann ich … kaufen?
Kunt u me … geven? könnt ü mè … cheevèn	Können Sie mir … geben?
Hoeveel kost dat? huveel koßt dat	Wie viel kostet das?
Waar is …? waar iß	Wo ist …?
Hoe kom ik naar …? hu komm ik naar	Wie komme ich nach …?
Hoeveel kost de rit naar …? huveel koßt dè rit naar	Wie viel kostet die Fahrt nach …?
Ik wil graag naar … ik will chraach naar	Ich möchte nach … (Taxi)
Hoe lang duurt …? hu lang düürt	Wie lange dauert …?

Nichts verstanden? – Weiterlernen!

Ich spreche kaum Niederländisch.	*Ik spreek bijna geen Nederlands.* ik ßpreek bäjna cheen needèrlandß
Wie bitte? (geduzt/gesiezt)	*Wat zeg je/zegt u?* wat säch jè/sächt ü
Ich habe dich/Sie nicht verstanden.	*Ik heb je/u niet verstaan.* ik häp jè/ü niet vèrßtaan
Sprichst du/sprechen Sie Englisch/Deutsch?	*Spreek jij/spreekt u Engels/Duits?* ßpreek jäj/ßpreekt ü ängelß/döitß
Was heißt … auf Niederländisch/Deutsch?	*Wat is … in het Nederlands/Duits?* wat iß … in hèt needèrlandß/döitß
Kannst du/können Sie das wiederholen?	*Kun je/Kunt u dat nog een keer zeggen?* könn jè/könnt ü dat noch een keer sächèn

Könnten Sie etwas langsamer sprechen?	*Zou u iets langzamer kunnen spreken?* sau ü ietß langsaamèr können ßpreekè
Was bedeutet dieses Wort?	*Kunt u me vertellen wat dit woord betekent?* könnt ü mè vèrtällèn wat dit woord bèteekènt
Wie spricht man dieses Wort aus?	*Hoe spreekt u dit woord uit?* hu ßpreekt ü dit woord öit
Können Sie mir das bitte aufschreiben?	*Wilt u mij dat alstublieft opschrijven?* willt ü mäj dat aßtüblieft opßchräjvèn

Die wichtigsten Floskeln und Redewendungen

ja – nee jaa – nee	ja – nein
dank u – dank je wel dank ü – dank jè wäl	danke (gesiezt – geduzt)
alsjeblieft – alstublieft aßjèblieft – aßtüblieft	bitte (geduzt – gesiezt)
Graag gedaan. chraach chèdaan	Keine Ursache./ Gern geschehen.
Dankjewel, hetzelfde! dankjèwäl, hètsälfdè	Danke gleichfalls! (geduzt)
Goedemorgen!/Goededag! chujèmorchèn/chujèdach	Guten Morgen/Tag!
Goedenavond! chujènaavènd	Guten Abend!
Welterusten! wällterößtèn	Gute Nacht!
Welkom! wällkomm	Willkommen!
Hallo!/Hoi! – Doei! hallo/hoj – duj	Hallo! – Tschüss!
Tot ziens! tott sienß	Auf Wiedersehen!
Tot gauw. tot chauw	Bis bald.
Hoe gaat het (met jou/u)? hu chaat hèt (mät jau/ü)	Wie geht's (dir/Ihnen)?
Dank u wel, goed! dank ü wäll, chut	Danke, gut. (gesiezt)
Eet smakelijk! – Proost! eet ßmaakèlèk – prooßt	Guten Appetit! – Prost!
Sorry! – Het spijt me. ßorrie – hèt ßpäjt mè	Entschuldigung! – Es tut mir leid.
Is niet erg./Is Okee. iß niet ärch/iß okee	Macht nichts! (Antwort auf Entschuldigung)

Das komplette Programm zum Reisen und Entdecken von REISE KNOW-HOW

- **Reiseführer** – alle praktischen Reisetipps von kompetenten Landeskennern
- **CityTrip** – kompakte Informationen für Städtekurztrips
- **CityTrip**PLUS – umfangreiche Informationen für ausgedehnte Städtetouren
- **InselTrip** – kompakte Informationen für den Kurztrip auf beliebte Urlaubsinseln
- **Wohnmobil-Tourguides** – alle praktischen Reisetipps für Wohnmobil-Reisende
- **Wanderführer** – exakte Tourenbeschreibungen mit Karten und Anforderungsprofilen
- **KulturSchock** – Orientierungshilfe im Reisealltag
- **Die Fremdenversteher** – kulturelle Unterschiede humorvoll auf den Punkt gebracht
- **Kauderwelsch Sprachführer** – vermitteln schnell und einfach die Landessprache
- **Kauderwelsch plus** – Sprachführer mit umfangreichem Wörterbuch
- **world mapping project**™ – aktuelle Landkarten, wasserfest und unzerreißbar
- **Edition REISE KNOW-HOW** – Geschichten, Reportagen und Abenteuerberichte

www.reise-know-how.de   Reisen? We know how!

Humorvolles bei REISE KNOW-HOW:
So sind sie, die ...

Die Fremdenversteher
Die Reihe, die kulturellen Unterschieden unterhaltsam auf den Grund geht.

Amüsant und sachkundig. Locker und heiter. Ironisch und feinsinnig. Über die Lebensumstände, die Psyche, die Stärken und Schwächen unserer europäischen Nachbarn, der Amerikaner und Japaner.

So sind sie eben, die Fremden!
Die Fremdenversteher: Deutsche Ausgabe der englischen Xenophobe's® Guides.

108 Seiten | 8,90 Euro [D]

www.reise-know-how.de   **Reisen? We know how!**

Register

A
Abschlussdeich 96
Academiegebouw 28
Achmea-Toren 70, 94
Afsluitdijk 96
A-Kerk 24
Akerkhof 24
Aletta Jacobs 29
Anreise
   Groningen 40
   Leeuwarden 98
Anthony Gasthuis 76
Apotheken
   Groningen 67
   Leeuwarden 121
Apps 144
   Groningen 54
   Leeuwarden 111
Arzt 126
AquaZoo Friesland 113
Ausflüge
   Groningen 38
   Leeuwarden 95
Autofahren
   Groningen 41
   Leeuwarden 99
   Niederlande 124

B
Bahnhof
   Groningen 41
   Leeuwarden 98
Behinderte
   Groningen 42
   Leeuwarden 100
Bevrijdingsfestival 7
Bloemetjesmarkt 7
Blokhuispoort 94
Boshuisen Gasthuis 87
Bourtange 39
Brunnenprojekt 113
Buchungsportale 64

Bus 41
   Groningen 66
   Leeuwarden 121

C
Cafés
   Groningen 52
   Leeuwarden 110
Campingplatz
   Groningen 66

D
De Alde Feanen 97
De Grutterswinkel 88
De Oldehove 79
De Waag 90
Drie Gezusters 60
Drop 45

E
EC-Karte 126
Eernewoude 97
Einkaufen
   Groningen 42
   Leeuwarden 101
Elfstädtetour (Elfstedentocht) 7, 71
Escher, M. C. 91
Essen
   Groningen 49
   Leeuwarden 105
   Niederlande 124
Eurosonic Noorderslag Groningen 9
Events 7

F
Fahrrad
   Groningen 61
   Leeuwarden 115
Feiertage 9
Festivals 7
Festung Bourtange 39
Folkingestraat 57
Fremdenverkehrsamt
   Groningen 54
   Leeuwarden 110
Friesisch 74
Friesische Produkte 101

Friesland 71
Fries Museum 91
FriseurGroningen 43
Fryslân 84

G

Galerien
  Groningen 56
  Leeuwarden 112
Gasthäuser 35
Gastronomie
  Groningen 49
  Leeuwarden 105
Gasunie-Gebäude 12
Geld 125
Geschichte
  Groningen 14
  Leeuwarden 72
Getränke
  Groningen 49
  Leeuwarden 105
  Niederlande 124
Goudkantoor 30
Grachten
  Groningen 12
  Leeuwarden 70, 89
Grachtenrundfahrt 116
Groningen 11
Groningen Airport Eelde 40
Groninger Dialekt 44
Groninger Forum 30
Groninger Museum 21
Gronings Ontzet 8
Grote Kerk 86
Grote Markt 29

H

Handy 128
HCL 81
Heilige Geestgasthuis 37
Hindelooper Zimmer 91
Historisch Centrum 81
Hofjes 35
Hoge der A 26
Hotels
  Groningen 64
  Leeuwarden 118

I

Informationen
  vor der Reise 125
Internet
  Groningen 54
  Leeuwarden 110

J

Jacobijnerkerk 86
Jacobs, Aletta 29
Judenviertel 19

K

Kartensperrung 126
Kaufhäuser
  Groningen 47
  Leeuwarden 103
Keramiekmuseum
  Princessehof 83
Kinder
  Groningen 58
  Leeuwarden 113
Klubs
  Groningen 60
  Leeuwarden 115
Kneipen
  Groningen 59
  Leeuwarden 114
Koningsdag 7
Konzerte
  Groningen 63
  Leeuwarden 118
Korenbeurs 17
Krankenhaus
  Groningen 67
  Leeuwarden 122
Kreditkarte 126
Kulturhauptstadtjahr 7, 70, 74
Kunst
  Groningen 55
  Leeuwarden 111

L

Lage der A 26
Lakritze 45
Leeuwarden 69
Lesben 126

Register

LGBT+ 126
Lokale
  Groningen 49
  Leeuwarden 105

M

Maestro-Karte 126
Magisch Samhain 9
Maria Louise von Hessen-Kassel 84
Märkte
  Groningen 46
Martinikerk 31
Martinitoren 31
Mata Hari 92
M. C. Escher 91
Medizinische Versorgung 126
Meikermis 7
Menkemaborg 38
Mode
  Groningen 48
  Leeuwarden 104
Museen
  Groningen 55
  Leeuwarden 111
Museum De Grutterswinkel 88
Museumhaven Leeuwarden 93
Museumsnacht 9

N

Nachtleben
  Groningen 59
  Leeuwarden 114
Nacht van Oranje 7
Nationalpark De Alde Feanen 97
Natuurmuseum Fryslân 84
Niederländisch 127, 130
Noordelijk Scheepvaartmuseum 24
Noorderlicht Fotomanifestatie 9
Noorderzon Performing Arts Festival 8
Notfälle 126

O, P

Öffnungszeiten 127
Open Monumentendag 9
Pakjesavond 9
Paradigm Festival 8
Park Noorderplantsoen 37
Parken
  Groningen 41
  Leeuwarden 99
Peerd van Ome Loeks 19
Pelstergasthuis 37
Pepergasthuis 36
Pier-Pander-Tempel 82
Planetarium Franeker 95
Polizei
  Groningen 67
  Leeuwarden 122
Post
  Groningen 67
  Leeuwarden 122
Prahmfähren 79, 116
Preise 125
Princessehof 83
Prinsentuin
  Groningen 34
  Leeuwarden 82
Provinzhauptstädte 6

R

Radfahren
  Groningen 61
  Leeuwarden 115
Rathaus
  Groningen 29
  Leeuwarden 77
Rauchen 53
Reductie van Groningen 31
Reisezeit 128
Restaurants
  Groningen 49
  Leeuwarden 105
Riesenkneipe Drie Gezusters 60
Rundgang
  Groningen 18
  Leeuwarden 75

S

Schifffahrtsmuseum des Nordens 24
Schnitgerfestival 9
Schwule 126
Seehunde 59
Seehundstation
  Pieterburen 59

Shopping
  Groningen 42
  Leeuwarden 101
Silvester 9
Singel 70, 72
Sint-Bonifatiuskerk 90
Sinterklaas 9
Skûtsjemuseum 98
Skûtsjesilen 8
Sneekweek 8
Sonnenuhr (Martinikerk) 33
Sparen
  Groningen 68
  Leeuwarden 117
Speisen
  Groningen 49
  Leeuwarden 105
Sperrnotruf 126
Sperrstunde 15
Sprache 127, 130
Sprachhilfe 130
Stadhuis Groningen 29
Stadtspaziergang
  Groningen 18
  Leeuwarden 75
Stadttouren
  Groningen 62
  Leeuwarden 116
St. Anthony
  Gasthuis 36
St. Bonifatiuskirche 90
St. Geertruidsgasthuis 36
Studenten 15
Supermarkt Albert Heijn
  Groningen 17
Synagoge 23

T
Tasman-Toren 13
Taxi
  Groningen 66
  Leeuwarden 121
Telefonieren 128
Termine 7
Theater
  Groningen 63
  Leeuwarden 118

Tiere 61, 115
Toilette Groningen 27
Touristeninformation
  Groningen 54
  Leeuwarden 110
Trinken
  Groningen 49
  Leeuwarden 105
  Niederlande 124
Trinkgeld 125
Trinkwasser 68
Turm De Oldehove 79

U
Universiteitsmuseum 27
Unterkunft
  Groningen 64
  Leeuwarden 118

V
Vegetarier
  Groningen 53
  Leeuwarden 109
Verkehrsmittel
  Groningen 66
  Leeuwarden 121
Verkehrsregeln 124
Vesting Spectaculum 8
Vijversburg 78
Visa-Karte 126
Vismarkt Groningen 19
Vorwahlen 5, 128

W
Waaghaus 90
Walskelett 113
Wasser 68
Weihnachten 9
Wetter 128
WinterWelVaart 9
WLAN 111

Z
Zentrum
  Groningen 21
  Leeuwarden 79
ZomerWelVaart 7

Die Autorin

Aufgewachsen zwischen Weinbergen und Biergärten, zog es die gebürtige Fränkin **Ulrike Grafberger** erst nach Italien, dann nach Norddeutschland und später in die Niederlande, wo sie seit fast 15 Jahren im Den Haager Ortsteil Scheveningen an der Nordseeküste lebt. Die Autorin schreibt regelmäßig über Land und Leute – in Büchern, Artikeln und auf ihren eigenen Websites. Für das Niederländische Büro für Tourismus & Convention arbeitet sie als Holland-Botschafterin für Deutschland, für den Fischer-Verlag schrieb sie das Buch „Holland für die Hosentasche".

Im REISE KNOW-HOW Verlag veröffentlichte sie bereits CityTrips zu Den Haag mit Scheveningen, Maastricht mit Lüttich sowie Bamberg, ein Buch über ihre Heimatstadt. In der Reihe InselTrip sind von ihr Bücher zu Texel und Ameland erschienen. Außerdem erscheint im Frühjahr 2018 ihr Reiseführer „Zeeland".

Schreiben Sie uns

Dieses Buch ist gespickt mit Adressen, Preisen, Tipps und Daten. Unsere Autoren recherchieren unentwegt und erstellen alle zwei Jahre eine komplette Aktualisierung, aber auf die Mithilfe von Reisenden können sie nicht verzichten. Darum: Teilen Sie uns bitte mit, was sich geändert hat oder was Sie neu entdeckt haben. Gut verwertbare Informationen belohnt der Verlag mit einem Sprachführer Ihrer Wahl aus der Reihe „Kauderwelsch".

Kommentare übermitteln Sie am einfachsten, indem Sie die Web-App zum Buch aufrufen (siehe Umschlag hinten) und die Kommentarfunktion bei den einzelnen auf der Karte angezeigten Örtlichkeiten oder den Link zu generellen Kommentaren nutzen. Wenn sich Ihre Informationen auf eine konkrete Stelle im Buch beziehen, würde die Seitenangabe uns die Arbeit sehr erleichtern. Unsere Kontaktdaten entnehmen Sie bitte dem Impressum.

Impressum

Ulrike Grafberger

CityTrip Groningen und Leeuwarden

© REISE KNOW-HOW Verlag
Peter Rump GmbH
1. Auflage 2018

Alle Rechte vorbehalten.

ISBN 978-3-8317-3058-2
PRINTED IN GERMANY

Druck und Bindung:
 Media-Print, Paderborn

Herausgeber: Klaus Werner
Layout: amundo media GmbH (Umschlag, Inhalt), Peter Rump (Umschlag)
Lektorat: amundo media GmbH
Karten: Ingenieurbüro B. Spachmüller, amundo media GmbH
Anzeigenvertrieb: KV Kommunalverlag GmbH & Co. KG, Alte Landstraße 23, 85521 Ottobrunn, Tel. 089 928096-0, info@kommunal-verlag.de
Kontakt: Osnabrücker Str. 79, 33649 Bielefeld, info@reise-know-how.de

Alle Angaben in diesem Buch sind gewissenhaft geprüft. Preise, Öffnungszeiten usw. können sich jedoch schnell ändern. Für eventuelle Fehler übernehmen Verlag wie Autorin keine Haftung.

Bildnachweis
Umschlagvorderseite und Umschlagklappe rechts: Ulrike Grafberger
Soweit ihre Namen nicht vollständig am Bild vermerkt sind, stehen die Kürzel an den Abbildungen für die folgenden Fotografen, Firmen und Einrichtungen. Ulrike Grafberger: ug | fotolia.com by Adobe: fo | NBTC Holland Marketing: nbtc

Liste der Karteneinträge

Groningen (Karte I)

- ❶ [I C5] Groninger Museum S. 21
- ❷ [I C4] Synagoge S. 23
- ❸ [I B4] A-Kerk und Akerkhof S. 24
- ❹ [I B4] Noordelijk Scheepvaartmuseum (Schifffahrtsmuseum des Nordens) S. 24
- ❺ [I B3] Hoge der A und Lage der A S. 26
- ❻ [I B3] Universiteitsmuseum (Universitätsmuseum) S. 27
- ❼ [I B3] Academiegebouw (Akademiegebäude) S. 28
- ❽ [I C3] Grote Markt mit Stadhuis (Rathaus) S. 29
- ❾ [I C3] Martinikerk und Martinitoren S. 31
- ❿ [I D2] Prinsenhof und Prinsentuin S. 34
- ⓫ [I D4] St. Anthony Gasthuis S. 36
- ⓬ [I D3] St. Geertruidsgasthuis/Pepergasthuis S. 36
- ⓭ [I C4] Heilige Geestgasthuis/Pelstergasthuis S. 37
- ⓮ [I A1] Park Noorderplantsoen S. 37
- ●1 [I C5] Bahnhof Groningen S. 41
- ●2 [I E4] Jachthafen Oosterhaven S. 41
- 🅿3 [I C4] Parkeergarage Centrum Groningen S. 41
- 🅿4 [I B2] Parkeergarage S. 41
- 🅿5 [I C4] Parking Museum Centrum S. 41
- ●11 [I C3] Invalidentoilet (Behindertentoilette) in der Bibliothek S. 42
- 🛍12 [I C4] Ariola S. 43
- 🛍14 [I B3] Bonbon Atelier Luca S. 45
- ●15 [I D4] Brouwerij Martinus S. 45
- 🛍16 [I B3] Droppie S. 45
- 🛍17 [I B3] Groninger Kaasboetiek S. 46
- 🛍18 [I D4] Kaashandel van der Ley S. 46
- 🛍19 [I C3] Kruidenier Wolters S. 46
- 🛍20 [I C2] Sama Stads Kovvie Branderij S. 46
- 🛍21 [I C4] Hema S. 47
- 🛍22 [I C3] Topshelf S. 47
- 🛍23 [I C2] De Klomp S. 47
- 🛍24 [I B3] De Stadsakker S. 47
- 🛍25 [I B3] Dille & Kamille S. 47
- 🛍26 [I C4] Toy Toy S. 47
- 🛍27 [I C3] Wijsneus S. 47
- 🛍28 [I D3] Bess S. 48
- 🛍29 [I B3] Gaastra S. 48
- 🛍30 [I D4] H. Witting und Sohn S. 48
- 🛍31 [I C3] Laif & Nuver S. 48
- 🛍32 [I C4] Lily & Rose S. 48
- 🛍33 [I C2] Boekhandel (Buchhandlung) Godert Walter S. 48
- 🍴34 [I D3] 't Feithhuis S. 49
- ☕35 [I A1] Café Zondag Noorderplantsoen S. 49
- 🍴36 [I C3] De Kostery S. 49
- 🍴37 [I C3] Goudkantoor S. 49
- 🍴38 [I C4] Huis de Beurs S. 49
- 🍴39 [I C3] Land van Kokanje S. 50
- 🍴40 [I D4] WEEVA S. 50
- 🍴41 [I C2] Bistro 't Gerecht S. 50
- 🍴42 [I C1] De Oude Gasfabriek S. 50
- 🍴43 [I B3] De Uurwerker S. 50
- 🍴44 [I C1] DOT S. 51
- 🍴45 [I C4] Wadapartja S. 52
- 🍴46 [I C3] Mr. Mofongo S. 51
- ☕47 [I B4] Bakkerij Blanche S. 52
- ☕48 [I C2] Katzencafé Op z'n Kop S. 52
- ☕49 [I C5] TOET S. 52
- ☕50 [I C4] TOET Pannekoek S. 52
- ⚫51 [I B2] Bla Bla S. 53

Liste der Karteneinträge

❷52 [I B3] Brussels Lof S. 53
❶53 [I D3] Big Snack Hoek S. 53
❶54 [I C4] Frietwinkel Groningen S. 53
🍷55 [I D3] Va Piano S. 53
❶56 [I C3] VVV (Fremdenverkehrsbüro) Groningen S. 54
🏛57 [I D3] GRID Grafisch Museum S. 55
🏛58 [I A4] Nederlands Stripmuseum S. 56
🖼60 [I D2] Kunstlievend Genootschap Pictura S. 57
🖼61 [I B4] Noorderlicht Photogallery S. 57
🍷62 [I D3] Pannekoekschip S. 58
❶69 [I D3] 't Golden Fust S. 59
❶70 [I D4] Café de Oude Wacht S. 59
❶71 [I B3] Café De Sigaar S. 59
❶72 [I D3] Chupitos S. 60
❶73 [I D3] De Negende Cirkel S. 60
❶74 [I D4] Kult S. 60
❶75 [I C3] Drie Gezusters S. 60
❷76 [I C3] Club Kokomo S. 60
❶77 [I D3] Vera S. 60
●78 [I C5] Rondvaartbedrijf Kool S. 62
●79 [I D5] Kanuverleih 't Peddeltje S. 62
❷81 [I E4] Oosterpoort S. 63
○82 [I D2] Stadsschouwburg Groningen S. 63
🏨84 [I B4] Asgard Hotel S. 64
🏨85 [I B1] Het Palais S. 64
🏨86 [I B2] Hotel Corps de Garde S. 64
🏨87 [I C2] Hotel de Ville S. 64
🏨88 [I D2] Prinsenhof S. 65
🏨89 [I C1] The Student Hotel S. 65
🏨91 [I D4] Sint Anthony Gasthuis Bed & Breakfast S. 66
✚94 [I E4] pharmacy Oosterpoort S. 67
✚95 [I C3] pharmacy Venema S. 67
✚97 [I E2] UMCG – Universitair Medisch Centrum Groningen S. 67
🗝98 [I D4] Politiebureau Groningen-Centrum S. 67
✉100 [I C1] PostNL S. 68
❶189 [I B4] Bar de Rits S. 126

Leeuwarden (Karte II)

⓱ [II A2] Turm De Oldehove S. 79
⓲ [II B2] Historisch Centrum S. 81
⓳ [II B1] Prinsentuin (Prinzengarten) und Pier-Pander-Tempel S. 82
⓴ [II B2] Keramiekmuseum Princessehof S. 83
㉑ [II C2] Natuurmuseum Fryslân S. 84
㉒ [II C2] Rund um die Grote Kerk (Jacobijnerkerk) S. 86
㉓ [II B2] Museum De Grutterswinkel S. 88
㉔ [II D1] Sint-Bonifatiuskerk (St. Bonifatiuskirche) S. 90
㉕ [II C3] De Waag (Waaghaus) S. 90
㉖ [II B3] Fries Museum S. 91
㉗ [II B3] Museumhaven Leeuwarden S. 93
㉘ [II C3] Blokhuispoort S. 94

●101 [II B2] Sint Anthony Gasthuis S. 76
🅿106 [II D1] Parkeergarage Hoeksterend S. 100
🅿107 [II C4] Parkeergarage Klanderij S. 100
🅿108 [II A2] Parkeergarage Oldehove S. 100
🅿109 [II C3] Parkeergarage S. 100
🅿113 [II C1] Parking Prinsentuin S. 100
🛍114 [II B2] Banketbakkerij (Konditorei) Salverda S. 102
🛍115 [II B2] Boomsma-Geschäft und -Museum S. 102
🛍116 [II B2] House of Taste S. 102
🛍117 [II C3] Priuw S. 102
🛍118 [II B2] Zuivelhoeve S. 103
🛍119 [II B3] Hema S. 103
🛍120 [II B2] Atelier CC S. 103
🛍121 [II B2] Binnenwerk S. 103
🛍122 [II B2] Eric Steenbergen Designwinkel S. 103
🛍123 [II B2] Fleurons & Prins S. 103

Liste der Karteneinträge

- 🔴124 [II C3] Hardwerk & Fogeltje S. 104
- 🔴125 [II C2] Pjut S. 104
- 🔴126 [II C3] Fiftysix S. 104
- 🔴127 [II C1] Madelief S. 104
- 🔴128 [II B3] Man of the World S. 104
- 🔴129 [II C2] NY-NA S. 104
- 🔴130 [II C3] De Spellekijn S. 104
- 🔴131 [II C3] Nyn S. 104
- 🔴132 [II B2] De Afúk S. 105
- 🔴133 [II C2] De Lektuurhal S. 105
- 🍴134 [II C2] De Walrus S. 105
- 🍴135 [II B3] Het Wapen van Leeuwarden S. 105
- 🍴136 [II C2] Laura & de Chef S. 105
- 🍴137 [II C2] Onder de Kelders S. 105
- 🍴138 [II B3] Pannekoekschip (Pfannkuchenschiff) S. 106
- 🍴139 [II C2] Post Plaza S. 106
- 🍴140 [II B2] Roast S. 106
- 🍴141 [II C3] Stadswaag S. 106
- 🍴144 [II B2] Double B S. 107
- 🍴145 [II B3] Fellini S. 107
- 🍴146 [II C3] Het Leven S. 107
- 🍴147 [II C2] Sems S. 108
- 🍴148 [II C3] Sjoddy S. 108
- 🍴149 [II C2] Spinoza S. 109
- 🍴150 [II C2] TOTT – Talk of the Town S. 109
- ☕151 [II C2] Bagels & Beans S. 110
- ☕152 [II B2] Brasserie Maria Louise S. 110
- 🔴153 [II C3] Brasserie Spiegelaar S. 110
- 🍴154 [II B3] Febo S. 109
- ℹ155 [II B4] VVV Leeuwarden S. 110
- ℹ156 [II C3] Informationscentrum Leeuwarden-Fryslân 2018 S. 110
- 🏛157 [II D2] Het andere Museum S. 112
- 🎭158 [II C2] artemisia S. 112
- 🎭159 [II C2] Galerie De Roos van Tudor S. 112
- ○162 [II A3] De Markies S. 114
- ○163 [II C2] De Toeter S. 114
- ○164 [II C2] Het Oranje Bierhuis S. 114
- ○165 [II B2] Kelder 65 S. 114
- 🎵166 [II C3] Paddy O'Ryan S. 114
- 🎵167 [II C2] Club Hemingway S. 115
- 🎵168 [II C2] Mukkes S. 115
- 🎵169 [II A3] Neushoorn S. 115
- 🎵170 [II B3] Scooter's S. 115
- ●171 [II B3] Praamvaren Leeuwarden S. 117
- ○172 [II C2] Kleintheater De vier Pelikanen S. 118
- ○173 [II A3] Stadsschouwburg De Harmonie S. 118
- 🏨174 [II B4] Hotel Oranje S. 118
- 🏨175 [II B2] Stadhouderlijk Hof S. 118
- 🏨179 [II D3] Alibi Hostel S. 120
- 🏨180 [II B2] Ster Logies S. 120
- 🏨181 [II C3] Bij de Waagsbrug S. 120
- 🏨183 [II B3] Klipper Nova Cura S. 121
- ➕184 [II D2] Alphega Apotheek Centraal, S. 122
- 🔑186 [II B2] Politie Leeuwarden (1) S. 122
- ✉188 [II B4] Post NL S. 122
- 🎵190 [II C2] Bubbles Leeuwarden S. 126

Hier nicht aufgeführte Nummern liegen außerhalb der abgebildeten Karten. Ihre Lage kann aber wie die von allen Ortsmarken im Buch mithilfe der Web-App angezeigt werden (s. S. 144).

Groningen/Leeuwarden mit PC, Smartphone & Co.

QR-Code auf dem Umschlag scannen oder www.reise-know-how.de/citytrip/groningen18 eingeben und die **kostenlose Web-App** aufrufen (Internetverbindung zur Nutzung nötig)!

★ **Anzeige der Lage und Satellitenansicht aller** beschriebenen Sehenswürdigkeiten und weiteren Orte
★ **Routenführung** vom aktuellen Standort zum gewünschten Ziel
★ **Exakter Verlauf** der empfohlenen Stadtspaziergänge
★ **Audiotrainer** der wichtigsten Wörter und Redewendungen
★ **Updates** nach Redaktionsschluss

GPS-Daten zum Download
Auf der Produktseite dieses Titels unter www.reise-know-how.de stehen die GPS-Daten aller Ortsmarken als KML-Dateien zum Download zur Verfügung.

Stadtpläne für mobile Geräte
Um die Stadtpläne auf Smartphones und Tablets nutzen zu können, empfehlen wir die App „Avenza Maps" der Firma Avenza™. Die Stadtpläne werden aus der App heraus geladen und können dann mit vielen Zusatzfunktionen genutzt werden.

Die Web-App und der Zugriff auf diese über QR-Codes sind eine freiwillige, kostenlose Zusatzleistung des Verlages. Der Verlag behält sich vor, die Bereitstellung des Angebotes und die Möglichkeit der Nutzung zeitlich und inhaltlich zu beschränken. Der Verlag übernimmt keine Garantie für das Funktionieren der Seiten und keine Haftung für Schäden, die aus dem Gebrauch der Seiten resultieren. Es besteht ferner kein Anspruch auf eine unbefristete Bereitstellung der Seiten.

Zeichenerklärung

- ❶ Sehenswürdigkeit
- Bar
- Bibliothek
- Café, Eiscafé
- Denkmal
- † Friedhof
- Galerie
- Geschäft, Kaufhaus, Markt
- Hotel, Unterkunft
- Bistro, Imbiss
- Informationsstelle
- Jugendherberge, Hostel
- Kirche
- Kneipe, Pub
- Krankenhaus, Arzt
- Museum
- Disco
- P P Parkplatz, Parkhaus
- Pension, Bed & Breakfast
- Polizei
- Post
- Restaurant
- • Sonstiges
- ✡ Synagoge
- Theater, Zirkus
- Vegetarisches Restaurant

- Shoppingareal
- Gastro- und Nightlife-Areal
- — Stadtspaziergang (s. S. 18 bzw. s. S. 75)

Bewertung der Sehenswürdigkeiten

- ★★★ auf keinen Fall verpassen
- ★★ besonders sehenswert
- ★ wichtige Sehenswürdigkeit für speziell interessierte Besucher